公民新法早知道系列

阳光普法
关注民生 传播法律

民法典继承编热点问题100问

MINFADIAN
JICHENGBIAN
REDIAN WENTI 100 WEN

中国法制出版社
CHINA LEGAL PUBLISHING HOUSE

前言／Preface

《中华人民共和国民法典》是新中国成立以来第一部以“法典”命名的法律，是新时代我国社会主义法治建设的重大成果。民法典系统整合了新中国70多年来长期实践形成的民事法律规范，汲取了中华民族5000多年优秀法律文化，借鉴了人类法治文明建设有益成果，是一部体现对生命健康、财产安全、交易便利、生活幸福、人格尊严等各方面权利平等保护的民法典。

为加强民法典的宣传教育，讲清楚实施好民法典，让民法典走到群众身边、走进群众心里，我们组织力量编写了这套《公民新法早知道系列》，用问答和漫画相结合的形式阐释了民法典中与民生相关的热点问题与立法亮点，帮助广大读者及时掌握民法典中的一系列新规定新概念新精神。

希望本书的出版能够回应广大人民群众的关切，普及民法典法律知识，使大家认识到民法典既是保护自身权益的法典，也是全体社会成员都必须遵循的规范，形成遇事找法的习惯，培养解决问题靠法的意识和能力。

编者

2020年7月

目录／Contents

上篇　看图说法

下篇　问答解法

附录

上篇
看图说法

1. 自然人死亡后哪些财产属于遗产？

《中华人民共和国民法典》

第一千一百二十二条　遗产是自然人死亡时遗留的个人合法财产。

依照法律规定或者根据其性质不得继承的遗产，不得继承。

第一千一百五十三条　夫妻共同所有的财产，除有约定的外，遗产分割时，应当先将共同所有的财产的一半分出为配偶所有，其余的为被继承人的遗产。

遗产在家庭共有财产之中的，遗产分割时，应当先分出他人的财产。

普法讲堂

个人合法财产是指公民自己通过劳动、接受赠与、继承等方式取得的财产，具体包括以下几类：(1）公民的各种合法收入；(2）房屋、储蓄和生活用品；(3）林木、牲畜和家禽；(4）个人收藏的文物、图书资料；(5）法律允许公民所有的生产资料；(6）著作权、专利权中的财产权利；(7）其他合法财产。需要注意的是，夫妻中一方死亡的，需要先分割夫妻共同财产之后，属于死亡一方的财产才可以作为遗产继承。

2. 丧偶儿媳可以继承公婆的遗产吗？

《中华人民共和国民法典》

第一千一百二十九条　丧偶儿媳对公婆，丧偶女婿对岳父母，尽了主要赡养义务的，作为第一顺序继承人。

普法讲堂

丧偶儿媳（女婿）享有继承权的前提条件是对公婆（岳父母）尽到了主要赡养义务，这种义务体现在提供生活费、物质生活资料，照顾老人的日常生活、精神照料等方面。

3. 公民可以通过哪些方式立遗嘱？

《中华人民共和国民法典》

第一千一百三十八条 遗嘱人在危急情况下，可以立口头遗嘱。口头遗嘱应当有两个以上见证人在场见证。危急情况消除后，遗嘱人能够以书面或者录音录像形式立遗嘱的，所立的口头遗嘱无效。

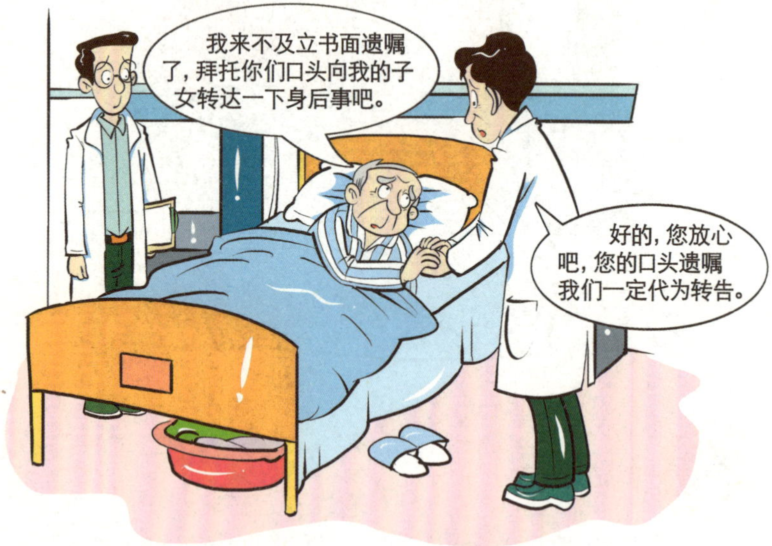

普法讲堂

口头遗嘱在满足一定条件时是有效的，但是为了避免纠纷，建议尽量采用以下几种方式立遗嘱:（1）自书遗嘱，即自己亲笔书写并签名的遗嘱，须注明年、月、日。（2）代书遗嘱，即请他人代为书写的遗嘱，应当有两个以上的见证人在场见证，见证人之一可以代书，并由遗嘱人、代书人和其他见证人签名，注明年、月、日。（3）打印遗嘱，即通过技术设备书写、打印的遗嘱，应当有两个以上见证人在场见证。遗嘱人和见证人应当在遗嘱每一页签名，注明年、月、日。（4）录音录像遗嘱，即以录音录像形式立的遗嘱，应当有两个以上见证人在场见证，遗嘱人和见证人应当在录音录像中记录其姓名或者肖像，以及年、月、日。（5）公证遗嘱，即由遗嘱人经公证机构办理的遗嘱。除自书遗嘱和公证遗嘱外，以其他方式立遗嘱时均需要邀两名以上见证人见证并签名，否则遗嘱无效。

4. 遗嘱人立了多份遗嘱，最后应该以哪份为准？

《中华人民共和国民法典》

第一千一百四十二条 遗嘱人可以撤回、变更自己所立的遗嘱。

立遗嘱后，遗嘱人实施与遗嘱内容相反的民事法律行为的，视为对遗嘱相关内容的撤回。

立有数份遗嘱，内容相抵触的，以最后的遗嘱为准。

普法讲堂

立遗嘱之后感到后悔了，可以将遗嘱全部撤回，使其自始不发生效力；也可以只对部分内容进行修改变更，其他部分仍然有效；还可以立一份新的遗嘱，使旧的遗嘱自动失效。立有数份遗嘱，均为遗嘱人真实意思表示，且内容相抵触的，以最后立的那份遗嘱内容为准。《民法典》取消了之前以最后所立公证遗嘱为准的法律规定。公证遗嘱具有与其他形式的遗嘱同等的法律效力。

5. 怎样办理公证遗嘱？

《中华人民共和国民法典》

第一千一百三十九条 公证遗嘱由遗嘱人经公证机构办理。

普法讲堂

申办公证遗嘱，遗嘱人应当填写公证申请表，并提交下列证件和材料：（1）居民身份证或者其他身份证件。（2）遗嘱涉及的财产凭证，如房地产权证、存款证明、股权证明等。（3）公证人员认为应当提交的其他材料。

6. 子女虐待父母，情节严重的，还能继承父母的遗产吗？

《中华人民共和国民法典》

第一千一百二十五条第一款　继承人有下列行为之一的，丧失继承权：

（一）故意杀害被继承人；

（二）为争夺遗产而杀害其他继承人；

（三）遗弃被继承人，或者虐待被继承人情节严重；

（四）伪造、篡改、隐匿或者销毁遗嘱，情节严重；

（五）以欺诈、胁迫手段迫使或者妨碍被继承人设立、变更或者撤回遗嘱，情节严重。

普法讲堂

子女继承父母的遗产天经地义，但是很多不孝子女平时对父母不管不问，不仅不尽孝道，甚至还虐待、遗弃父母，情节严重，父母去世后却只想着怎么分遗产，因此法律规定继承人有上述行为的，丧失继承权。但是《民法典》新增了宽宥制度，即继承人确有悔改表现，被继承人表示宽恕或者事后在遗嘱中将其列为继承人的，该继承人不丧失继承权。这一制度体现了被继承人处分遗产的自主意愿，符合民法意思自治的基本原则。

7. 父母去世后，孙子女可以代位继承自己祖父母的遗产吗?

《中华人民共和国民法典》

第一千一百二十八条　被继承人的子女先于被继承人死亡的，由被继承人的子女的直系晚辈血亲代位继承。

被继承人的兄弟姐妹先于被继承人死亡的，由被继承人的兄弟姐妹的子女代位继承。

代位继承人一般只能继承被代位继承人有权继承的遗产份额。

普法讲堂

代位继承，又称间接继承，是指在没有遗嘱的法定继承中，被继承人的子女先于被继承人死亡的，被继承人的子女的晚辈直系血亲代替其父母的继承顺序继承被继承人的遗产的法律制度。被继承人的孙子女、外孙子女或曾孙子女、外曾孙子女等都享有代位继承权。代位继承不受辈数限制。被继承人的兄弟姐妹的子女享有代位继承权是《民法典》的新增内容，根据这一规定，侄儿、侄女、外甥、外甥女可以代位继承叔伯、姑姑、舅舅、姨母的遗产。这一制度可以避免遗产无人继承，保持遗产在亲属之间流转，符合我国的继承传统。

8. 没有遗嘱的法定继承，如何确定继承人的顺序和范围？

《中华人民共和国民法典》

第一千一百二十七条第一款、第二款　遗产按照下列顺序继承：

（一）第一顺序：配偶、子女、父母；

（二）第二顺序：兄弟姐妹、祖父母、外祖父母。

继承开始后，由第一顺序继承人继承，第二顺序继承人不继承；没有第一顺序继承人继承的，由第二顺序继承人继承。

普法讲堂

若公民在去世之前没有留下任何遗嘱，则去世之后的遗产将按照法律规定的继承顺序和分配比例进行分割。遗产第一顺序的继承人为配偶、子女和父母。他们各自继承的份额，一般应当均等。丧偶儿媳对公婆，丧偶女婿对岳父母，尽了主要赡养义务的，作为第一顺序继承人 。子女，包括婚生子女、非婚生子女、养子女和有扶养关系的继子女。父母，包括生父母、养父母和有扶养关系的继父母。兄弟姐妹，包括同父母的兄弟姐妹、同父异母或者同母异父的兄弟姐妹、养兄弟姐妹、有扶养关系的继兄弟姐妹。

9. 继承人继承遗产的份额，应当如何确定？

《中华人民共和国民法典》

第一千一百三十条　同一顺序继承人继承遗产的份额，一般应当均等。

对生活有特殊困难又缺乏劳动能力的继承人，分配遗产时，应当予以照顾。

对被继承人尽了主要扶养义务或者与被继承人共同生活的继承人，分配遗产时，可以多分。

有扶养能力和有扶养条件的继承人，不尽扶养义务的，分配遗产时，应当不分或者少分。

继承人协商同意的，也可以不均等。

普法讲堂

在适用这一条时应注意以下几点：（1）生活有特殊困难又缺乏劳动能力，是指继承人没有独立的经济来源或者经济收入难以维持最低生活水平，并且因年老、疾病等无法从事劳动。（2）对被继承人尽了主要扶养义务，不仅是指较多地照顾被继承人的日常生活，还包括没有照顾但提供较多生活费、生活资料等物质帮助。（3）并不是所有与被继承人共同生活的继承人都可以多分，只有对被继承人的生活照顾较多的才可以多分，长期打骂、虐待、不尽扶养义务的，即使共同生活也应当不分或者少分。

10. 在没有遗嘱的情况下，法定继承人以外的人可以分得遗产吗？

《中华人民共和国民法典》

第一千一百三十一条　对继承人以外的依靠被继承人扶养的人，或者继承人以外的对被继承人扶养较多的人，可以分给适当的遗产。

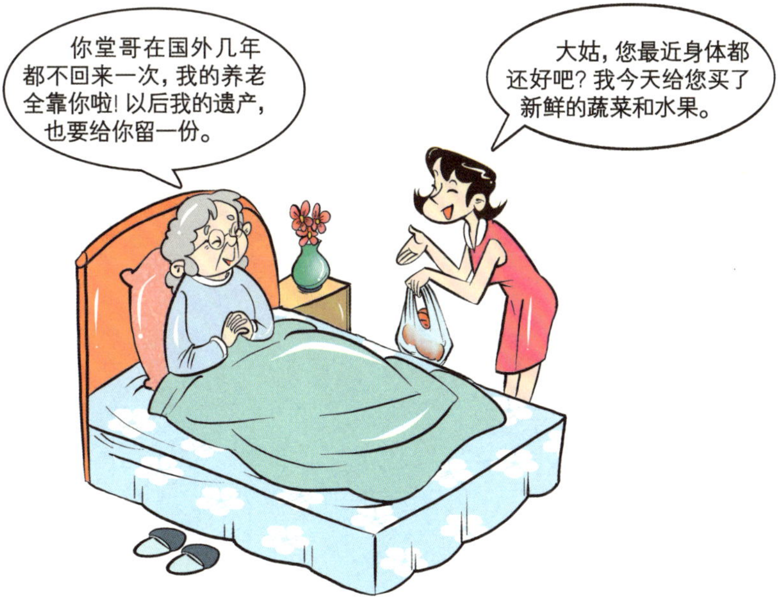

普法讲堂

法定继承人以外的人要分得遗产，需要满足两个条件：一是依靠被继承人扶养，二是对被继承人扶养较多。这两个条件不要求同时满足，符合其中一项即可。对于第一类人，如果不分给适当的遗产，其有可能失去赖以生存的物质生活资料；对于第二类人，其没有扶养义务而出于道德，自觉自愿扶养被继承人，应当分给适当遗产作为补偿和鼓励。

11. 哪些遗嘱属于无效遗嘱？

《中华人民共和国民法典》

第一千一百四十三条　无民事行为能力人或者限制民事行为能力人所立的遗嘱无效。

遗嘱必须表示遗嘱人的真实意思，受欺诈、胁迫所立的遗嘱无效。

伪造的遗嘱无效。

遗嘱被篡改的，篡改的内容无效。

普法讲堂

遗嘱全部无效的，自始不发生效力，如果被继承人没有立新的遗嘱，那么遗产将被按照法定继承的规定处理。遗嘱部分无效的，其他内容仍然有效，继续实行，无效部分涉及的财产既可以按照法定继承处理，也可以由被继承人另立遗嘱进行处理。

12. 继承开始后，由谁来处理遗产分割事宜？

《中华人民共和国民法典》

第一千一百四十五条　继承开始后，遗嘱执行人为遗产管理人；没有遗嘱执行人的，继承人应当及时推选遗产管理人；继承人未推选的，由继承人共同担任遗产管理人；没有继承人或者继承人均放弃继承的，由被继承人生前住所地的民政部门或者村民委员会担任遗产管理人。

普法讲堂

继承开始后，由遗产管理人来处理遗产分割事宜。为了维护全体继承人的利益，防止遗产被隐匿、盗窃，或者发生毁坏和灭失，《民法典》新确立了遗产管理人制度。遗产管理人应当履行清理遗产并制作遗产清单、向继承人报告遗产情况、采取必要措施防止遗产毁损或灭失、处理被继承人的债权债务、按照遗嘱或者法律规定分割遗产，以及实施与管理遗产有关的其他必要行为的职责。

13. 遗产分割时要为未出生的胎儿保留特定的继承份额吗?

《中华人民共和国民法典》

第一千一百五十五条　遗产分割时，应当保留胎儿的继承份额。胎儿娩出时是死体的，保留的份额按照法定继承办理。

普法讲堂

我国法律保护胎儿的继承权，胎儿出生时是活体的，可以继承遗产。胎儿是被继承人未出生的子女，为其保留的遗产份额应当与已出生的子女相当。如果遗产分割时没有为胎儿保留必要的份额，就要从各继承人已经继承的份额中扣回。父母没有结婚的，对胎儿的继承权不产生影响。

14. 什么是遗赠扶养协议？

《中华人民共和国民法典》

第一千一百五十八条　自然人可以与继承人以外的组织或者个人签订遗赠扶养协议。按照协议，该组织或者个人承担该自然人生养死葬的义务，享有受遗赠的权利。

普法讲堂

中国正逐步进入老龄化社会，养老问题成为亟待解决的社会问题。为了避免一些孤寡老人陷入无人照顾的困境，《民法典》规定自然人可以与继承人以外的村民委员会、居民委员会、工作单位或者其他组织、个人签订遗赠扶养协议，以对方尽到扶养义务为取得遗产的条件，确保自己老有所养。义务人必须按照协议的约定履行义务，没有尽到扶养义务的，即使签订了协议，也不能取得遗产。

15. 子女需要替已去世的父母还债吗？

《中华人民共和国民法典》

第一千一百五十九条　分割遗产，应当清偿被继承人依法应当缴纳的税款和债务；但是，应当为缺乏劳动能力又没有生活来源的继承人保留必要的遗产。

第一千一百六十一条　继承人以所得遗产实际价值为限清偿被继承人依法应当缴纳的税款和债务。超过遗产实际价值部分，继承人自愿偿还的不在此限。

继承人放弃继承的，对被继承人依法应当缴纳的税款和债务可以不负清偿责任。

普法讲堂

子女应当先用父母的遗产清偿债务，剩余的遗产再进行分配。清偿债务以遗产的实际价值为限，超出遗产实际价值的部分，子女没有清偿义务，当然，子女自愿清偿的除外。在法定继承和遗嘱继承、遗赠同时存在的情况下，应当先以法定继承的遗产来清偿债务，超过的部分，由遗嘱继承人和受遗赠人按比例以所得遗产清偿。

16. 在法定继承、遗嘱、遗赠扶养协议并存的情况下，哪个效力优先？

《中华人民共和国民法典》

第一千一百二十三条　继承开始后，按照法定继承办理；有遗嘱的，按照遗嘱继承或者遗赠办理；有遗赠扶养协议的，按照协议办理。

普法讲堂

根据法律规定，遗赠扶养协议的效力优先于遗嘱，遗嘱的效力优先于法定继承。这样规定是因为遗赠扶养协议和遗嘱充分体现了被继承人自由处分个人财产的独立意志，法律予以尊重和完善。而遗赠扶养协议中的扶养人对生前的被继承人尽到了扶养义务，出于权利与义务对等的原则，应当让其按照协议优先取得遗产。

下篇
问答解法

第一章　一般规定

1. 遗产继承的方式有哪些?

根据我国法律的规定，继承方式有三种：第一，法定继承；第二，遗嘱继承；第三，遗赠。

法定继承是我国最基本的继承方式，是指在被继承人没有立遗嘱的情况下，按照法律规定的继承人范围、继承顺序、继承份额等进行遗产分配的一项继承制度。《民法典》对法定继承人的范围作出了明确的规定：第一顺序为配偶、子女、父母，第二顺序为兄弟姐妹、祖父母、外祖父母。继承开始后，由第一顺序继承人继承，第二顺序继承人不继承。没有第一顺序继承人继承的，由第二顺序继承人继承。《民法典》还规定了一种特殊情况下的法定继承人，即丧偶儿媳对公婆、丧偶女婿对岳父母尽了主要赡养义务的，作为第一顺序继承人。

遗嘱继承又称为“指定继承”或者“意定继承”，是指继承人根据遗嘱取得财产的方式。被继承人生前可以通过书面、录音、口头等方式，按照自己的意愿对死后遗产如何处分作出表示。遗嘱继承人的范围与法定继承人的范围相同，不同的是遗产的分配份额。法定继承中各继承人的地位平等，按照平均份额分配遗产。而在遗嘱继承中，被继承人可以按照自己的意愿将遗产不平均地分配给法定继承人中的一人或者几人，每个继承人继承的遗产份额或者种类不相同。

遗赠是指被继承人将遗产分配给法定继承人以外的人。遗赠包括两种形式：一是被继承人生前通过立遗嘱的形式将遗产赠与法定继承人以外的人或者组织；二是被继承人生前与法定继承人以外的人或者组织（即扶养人）订立遗赠扶养协议，由该扶养人照顾被继承人的日常起居，被继承人死后由扶养人根据协议约定的份额取得相应遗产。

2. 哪些主体享有继承权?

根据《民法典》第 1120 条的规定，国家保护自然人的继承权。因此，享有继承权的主体是自然人，法人或其他组织不享有继承权。

自然人是指生物意义上具有自然属性的人，是最基本的民事主体，与法人、其他组织相对。我国法律按照自然人的年龄和认知能力，将自然人分为完全民事行为能力人、限制民事行为能力人、无民事行为能力人。完全民事行为能力人是指 18 周岁以上，能够独立实施民事法律行为的人，以及 16 周岁以上以自己的劳动收入为主要生活来源的未成年人。限制民事行为能力人是指 8 周岁以上的未成年人和不能完全辨认自己行为的成年人，他们实施民事法律行为由其法定代理人代理或者经其法定代理人同意、追认，但是可以独立实施纯获利益的民事法律行为或者与其年龄、智力相适应的民事法律行为，如接受别人赠送的财产、购买生活用品等价值较小的物品。无民事行为能力人是指不满8周岁的未成年人、8周岁以上不能辨认自己行为的未成年人，以及不能辨认自己行为的成年人，他们实施民事法律行为同样由其法定代理人代理。自然人从出生起就具有民事主体资格，享有基本的民事权利，继承权便是其中一项。除了法律规定丧失继承权的情形之外，无论自然人的民事行为能力如何，均享有继承权，任何人不得剥夺。

法人是指具有民事权利能力和民事行为能力，依法独立享有民事权利和承担民事义务的组织，其依照法律、行政法规规定的具体条件和程序成立。现实生活中法人的种类繁多，如有限责任公司等营利法人，事业单位、社会团体等非营利法人，机关、农村集体经济组织等特别法人。其他组织即非法人组织，如个人独资企业、合伙企业、不具有法人资格的专业服务机构等。继承制度是法律为了保护自然人的合法个人财产而设置的一项制度，而法人、非法人组织解散后要根据《公司法》《破产法》《合伙企业法》等来处理财产，不适用《民法典》关于继承的规定。

3. 外国人能否继承中国人的遗产?

《民法典》第1120条规定，国家保护自然人的继承权。自然人是指基于出生而取得民事主体资格的人，包括中国人、外国人和无国籍人。因此，外国人只要符合我国关于继承的法律规定，就可以继承我国公民的遗产。

外国人出生时具有中国国籍，后来取得外国国籍，其父母、配偶、子女仍为中国人的，他们之间的继承关系不因国籍的改变而消灭，该外国人仍然可以根据法定继承来继承上述人员的遗产。此外，中国人可以通过遗嘱将遗产赠与外国人，还可以与外国人订立遗赠扶养协议。因此，外国人可以通过上述三种方式继承中国人的遗产。

4. 继承从什么时候开始？

《民法典》第 1121 条第 1 款规定，继承从被继承人死亡时开始。继承因自然人的死亡而发生，自然人生前不会发生继承。自然人在生前所立的遗嘱等虽然是对自己死后个人财产的处理，但是该财产仍然由该自然人所有，他可以撤回遗嘱，重新处分自己的财产，其他人不得干涉。只有在自然人死亡时，继承才发生，此时，死亡的自然人是被继承人，能够分得被继承人遗产的人是继承人。

死亡分为生理死亡和宣告死亡。在实践中，生理死亡的时间以医院出具的死亡证明记载的死亡时间为准；没有死亡证明的，可以公安机关注销死亡人户口登记的日期为准。宣告死亡的时间则是法院作出宣告死亡判决的日期，因意外事件下落不明宣告死亡的，意外事件发生之日视为死亡日期。

继承开始后才能对被继承人的遗产进行分割，各继承人根据法律规定或者遗嘱指定，按照一定的份额取得被继承人的遗产。继承发生后，遗产由被继承人所有转为继承人所有，继承人可以按照自己的意愿处分自己分得的那部分遗产。

实践中，尤其是在农村地区，几代同堂的情况比较常见。晚辈结婚后提出“自立门户”，长辈将家中的住宅、田地等进行分配的情形不属于继承，只是对家庭共有财产的分割，在法律上称为“分家析产”。

5. 相互有继承关系的数人在同一事件中死亡的，如何确定继承关系？

相互有继承关系的数人在同一事件中死亡，能够确定死亡时间的，由后死亡的人继承先死亡的人的遗产，后死亡的人继承后，再由他的继承人来继承他的遗产。而对于不能确定死亡时间的，《民法典》第 1121 条第 2 款规定，推定没有其他继承人的人先死亡。都有其他继承人，辈分不同的，推定长辈先死亡；辈分相同的，推定同时死亡，相互不发生继承。例如，张三及其爷爷在同一事件中死亡，如果张三是孤儿，他除了爷爷之外没有其他继承人，则推定张三先死亡，爷爷后死亡；如果张三不是孤儿，两人均有其他继承人，则推定爷爷先死亡，张三后死亡。又如，李四与其哥哥在同一事件中死亡，两人也都有其他继承人，则推定二人同时死亡，相互之间不发生继承。

6. 如何确定遗产范围?

《民法典》第 1122 条规定，遗产是自然人死亡时遗留的个人合法财产，但是依照法律规定或者根据其性质不得继承的除外。对于未婚的人来说，自己通过劳动、接受赠与、继承等方式取得的财产均属于个人财产，在其死亡时这些财产均可以作为遗产。因现实中取得财产的方法和财产的种类千差万别，法律无法一一列举哪些财产属于个人合法财产，所以对于夫妻而言，一方死亡的，需要明确哪些属于死亡一方的遗产。《民法典》第 1063 条明确规定了夫妻一方个人财产的范围，我们可以据此判断哪些财产属于死亡一方的遗产。夫妻一方的个人财产包括以下几类：（1）一方的婚前财产；（2）一方因受到人身损害获得的赔偿或者补偿；（3）遗嘱或者赠与合同中确定只归一方的财产；（4）一方专用的生活用品；（5）其他应当归一方的财产。

对于夫妻来说，一方死亡时，应当将夫妻共同财产进行分割，属于死亡一方的个人财产才能作为遗产在继承人之间分配，另一方的财产仍然由其自己享有所有权。根据《民法典》第 1062 条的规定，下列财产属于夫妻共同财产：（1）工资、奖金、劳务报酬；（2）生产、经营、投资的收益；（3）知识产权的收益；（4）继承或者受赠的财产，但是遗嘱或者赠与合同中确定只归一方所有的除外；（5）其他应当归共同所有的财产。对于这些财产，一方死亡时应进行财产分割，如张三与妻子的家庭存款共有 300 万元，张三死亡时，只有 150 万元能够作为遗产分配，剩余 150 万元由妻子所有。作为遗产的 150 万元由张三的妻子、孩子等继承人按照法律规定或者遗嘱确定的份额继承。

遗产的另一个特点是合法，合法包括两个方面的内容，一是取得途径合法，如上述通过劳动、接受赠与等方式取得。通过盗窃、诈骗、抢劫等违法犯罪方式取得的财产是赃物，不属于合法财产，不能作为遗产继承。二是权属关系明确，也就是说作为遗产的财产所有权必须明确，即由被继承人所有，不存在权利瑕疵或者所有权纠纷。如果某项财产存在权利纠纷，应当通过仲裁、诉讼等方式明确其所有权属于被继承人之后才能作为遗产进行分配。

就遗产的形式而言，不仅包括房屋、车辆、生活用品等实物，还包括以有价证券、履行标的为财物的债权等。需要注意的是，因赌博取得的债权属于非法债权，继承人据此主张债务人返还赌债的，不会得到法院的支持。

7. 网络虚拟财产可以作为遗产吗?

遗产是指公民的合法个人财产。随着信息社会的高速发展，人们拥有的网络虚拟财产越来越多，如 QQ、微信、游戏装备、网上店铺等。我国法律对虚拟财产予以保护，实践中也有起诉要回虚拟财产胜诉的判决。网络虚拟财产能否作为遗产，要看其性质。QQ、微信等社交软件账号具有人身属性，而且不可分割，不宜作为遗产进行分配。财产应当具有占有、使用、处分、收益 4 个特征，账号中包含的余额、网上店铺的所有权和经营权具有财产属性，可以作为遗产由继承人之间分配。

8. 承租的公房可以作为遗产进行分配吗？

公房即公共住房、国有住房，是指由国家、国有企业、事业单位投资兴建的住宅。公房的所有权属于建设者，即国家、国有企业和事业单位，公民只能通过与上述主体签订租赁合同取得公房的使用权。因此，公房不属于公民的个人财产，不能作为遗产在继承人之间分配。但是，公房承租权作为一项独立的财产权，承租人死后，在有效的承租期内，其继承人可以继续承租。也就是说，公房本身不能作为遗产继承，但是公房的承租权是可以继承的。

9. 死亡赔偿金可以继承吗?

自然人因侵权行为遭受人身损害的，有权请求侵权行为人赔偿；因侵权行为死亡的，其亲属可以要求侵权行为人支付丧葬费、死亡赔偿金等。死亡赔偿金虽然是因自然人被侵权产生的，但它是自然人死亡之后才产生的，是对死者家属未来收入损失的赔偿，具有经济补偿和精神抚慰金的性质，不宜按照遗产处理。

此外，根据《最高人民法院关于空难死亡赔偿金能否作为遗产处理的复函》的规定，空难死亡赔偿金是基于死者死亡对死者近亲属所支付的赔偿。获得空难死亡赔偿金的权利人是死者近亲属，而非死者。故空难死亡赔偿金不宜认定为遗产。据此推定，自然人因其他侵权行为死亡的，其死亡赔偿金应归近亲属所有，不属于遗产。

10. 农村宅基地使用权可以继承吗?

宅基地是村民基于集体经济组织成员资格而分得的土地，一般是以户为单位。《土地管理法》第62条规定，农村村民一户只能拥有一处宅基地，其宅基地的面积不得超过省、自治区、直辖市规定的标准。宅基地的所有权和使用权分离，所有权属于村集体组织，村民不能通过买卖、赠与等方式转移宅基地的所有权。宅基地的使用权属于农户，由家庭中的所有成员共同享有，但是使用权难以分割，并不能明确每一个家庭成员享有的份额。此外，家庭中一人去世的，并没有导致家庭关系的消亡，由其他家庭成员继续共同享有和行使宅基地使用权。因此，宅基地使用权并不属于遗产，某一个家庭成员去世的，其他家庭成员不能主张继承。

11. 农村土地承包经营权可以继承吗?

我国农村土地承包采取农村集体经济组织内部的家庭承包方式，承包地不属于任何一个家庭成员的个人财产，承包期内某一家庭成员死亡的，由其他家庭成员继续经营，最后一名家庭成员死亡的，承包地由发包方收回。因此，农村土地承包经营权不属于遗产，不能发生继承。

但是，承包人承包土地的目的是获得收益，他们在经营土地时也作了许多投入，因此《农村土地承包法》第 32 条第 1 款规定，承包人应得的承包收益，依照继承法的规定继承。承包收益就是承包人通过经营土地获得的经济利益，如种植的农作物本身以及卖出农作物获得的金钱、出租承包地获得的租金、以承包地入股获得的分红等。这些承包收益可以作为遗产，在某一家庭成员死后由其他家庭成员按照遗嘱或者法定继承分配。

12. 林地承包经营权可以继承吗?

林地也属于农村土地的一部分，村民可以通过承包方式取得林地的经营权。《农村土地承包法》第 32 条第 2 款规定，林地承包的承包人死亡，其继承人可以在承包期内继续承包。由于林业生产经营周期和承包期长、投资大、收益慢、风险大，又由于林木所有权的继承与林地不能分离，如果不允许林地继承，不利于调动承包人的积极性，还可能出现滥砍滥伐，破坏生态环境的情况。而且，承包人可能对林地作了长年、大量的投入，在刚刚开始获得收益时去世，不允许其继承人继承，也是不合理的。因此，林地承包人死亡的，其继承人可以在承包期内继续承包。

13. “四荒地”的承包经营权可以继承吗？

“四荒地”是对荒山、荒沟、荒丘、荒滩等农村土地的统称。与耕地、草地、林地的承包方式不同，“四荒地”可以采取招标、拍卖、公开协商等方式承包。《农村土地承包法》第54条规定，依照本章规定通过招标、拍卖、公开协商等方式取得土地经营权的，该承包人死亡，其应得的承包收益，依照继承法的规定继承；在承包期内，其继承人可以继续承包。据此，“四荒地”的承包收益和承包经营权都可以由承包人的继承人继承。

14. 征地补偿款属于已故家庭成员的遗产吗？

农户承包的土地被征收、征用的，有权获得征地补偿款。农村土地属于集体组织所有，征地补偿款实际上是征收方对集体经济组织的补偿，集体经济组织再根据土地承包经营合同将补偿款分配给农户，是对农户目前的家庭成员的承包经营损失的补偿。因此，已去世的家庭成员就不能再分得征地补偿款，其继承人也不能主张将补偿款分给已死去的家庭成员，之后由自己继承。

例如，张三一家四口（张三及其妻、儿子张大、女儿张小）承包了村里的几块土地，张三死后不久这些土地被征用，获得补偿款120万元，张大主张土地补偿款应分成四份，每人各分得30万元，张三的30万元作为遗产由他和母亲、张小各分得10万元。

这样的做法是不正确的，因为张三死亡后，土地由张三的妻子和儿女共同经营，不发生继承，征地补偿款发生在张三死后，是对母子三人承包经营损失的补偿，与张三没有关系，这 120 万元可以由母子三人平分。虽然按照两种方法，母子三人都可分得 40 万元，但是两种方法的法律性质是不一样的。

15. 农村宅基地上房屋被征收的，补偿款可以作为遗产吗？

村民基于集体经济组织成员资格取得宅基地，可以在宅基地上兴建住宅及其他附属物。我国法律对于宅基地及其上房屋采取“房地分离”原则，宅基地属于集体组织所有，不是村民的财产，不能继承；而宅基地上的房屋是村民自己出资兴建，属于村民自己的个人财产或者家庭共同财产。村民去世的，宅基地上的房屋可以作为遗产由继承人继承。因此，宅基地上房屋被征收的，所获得的补偿款自然能够作为遗产。

16. 城镇居民可以继承农村宅基地上的房屋吗？

农村宅基地上的房屋可以继承，一般来说，村民基于集体组织成员资格取得宅基地使用权，城镇居民不能取得宅基地使用权，因此宅基地上房屋的继承人一般也是农村居民。但是不排除存在村民的继承人取得城镇户口的情况，继承与户口性质没有直接关联，既然宅基地上的房屋可以继承，那么即使继承人是城镇户口，也有权继承宅基地上的房屋。

《国土资源部、中央农村工作领导小组办公室、财政部、农业部关于农村集体土地确权登记发证的若干意见》规定，非本农民集体成员的农村或城镇居民，因继承房屋占用农村宅基地的，可按规定登记发证，在《集体土地使用证》记事栏应注记“该权利人为本农民集体原成员住宅的合法继承人”。从这一规定也可以看出，城镇居民是可以继承农村宅基地上的房屋的。

17. 国有土地上房屋征收的补偿款属于遗产吗?

国有土地上房屋即城镇房屋，根据《国有土地上房屋征收与补偿条例》的规定，为了公共利益的需要，征收国有土地上单位、个人的房屋，应当对被征收房屋所有权人给予公平补偿。国有土地上房屋征收的补偿款就是我们日常生活中常说的拆迁补偿。

拆迁补偿款是对房屋所有人的补偿，属于房屋所有人的财产，但是，在实践中有时房屋的所有人不止一人，只有属于被继承人个人所有的那部分补偿款才属于遗产。常见的是房屋由夫妻共同所有的情形，夫妻双方在世时房屋被征收的，征收补偿款属于夫妻共同财产，一方死亡的，应当对夫妻共同财产进行分割，属于死亡一方的那部分才可以作为遗产。夫妻一方死亡后房屋被征收的，由于房屋已经被作为遗产进行分配，要看现在的房屋所有人是谁，由目前的所有人取得拆迁补偿款，该款项不属于遗产。

18. 在城市，未经审批的翻建、改建、扩建房屋，能否作为遗产继承？

一般来说，遗产应当是被继承人的合法个人财产，而未经审批的翻建、改建、扩建房屋属于违章建筑，不能作为遗产继承。但是，考虑到被继承人对此作出的投入，如果被继承人死后这部分建筑无人使用的，将会沦为无主物，应当将其视作遗产。

我国法律对这类建筑能否继承没有明确规定，因此，司法实践中若有继承人主张对这类建筑进行继承的，要看当地是否有相关规定。例如，《北京市高级人民法院关于审理继承纠纷案件若干疑难问题的解答》规定，老年人生前未经审批，擅自翻建、改建、扩建房屋，没有取得新的房本或者经明确无法办理新房本的，继承人要求继承该房屋及分割使用的，人民法院应予支持。但为防止当事人利用法院判决将违建合法化，法院在确定继承分割该房产的同时应在判决中明确，该判决不作为拆迁补偿依据；并明确对于该房屋是否属于违建、能否取得房产证，应由相关行政主管部门依相关规定确定。

19. “五险一金”属于遗产吗？

“五险一金”即养老保险、医疗保险、工伤保险、生育保险、失业保险、住房公积金。“五险一金”能否作为遗产继承，要分开来看。

养老保险和医疗保险由职工个人和单位共同缴纳基本保险金。基本养老金由统筹养老金和个人账户养老金组成，职工去世后，个人账户中的养老金可由继承人继承。医疗保险也分为两个部分，一个是就医账户，另一个是金融账户。就医账户中的钱只可以用于就诊时直接支付，不能作为遗产继承；而金融账户中的钱是可以随意支取的，可以作为遗产继承。

工伤保险、生育保险由用人单位缴费，个人不缴费，因此职工死亡后工伤保险金和生育保险金由国家统筹，不能作为遗产由已故职工的继承人继承。失业保险虽然由用人单位和职工共同缴费，但是个人缴纳的比例极小，职工死亡后，账户中的失业保险金划入国家统筹账户，不能作为遗产继承。

公积金也由两部分组成，一部分是从职工工资中扣取的，另一部分由单位划拨。《住房公积金管理条例》第 3 条规定，职工个人缴存的住房公积金和职工所在单位为职工缴存的住房公积金，属于职工个人所有。遗产是公民的个人合法财产，因此公积金当然可以作为遗产继承。《住房公积金管理条例》第 24 条规定，职工死亡或者被宣告死亡的，职工的继承人、受遗赠人可以提取职工住房公积金账户内的存储余额。

20. 著作权属于遗产吗？

著作权是指公民、法人或者其他组织对自己创作的作品享有的一系列专有权利。著作权分为人身权和财产权，《著作权法》第

10 条列举了 17 种著作权，其中，发表权、署名权、修改权、保护作品完整权属于人身权利；复制权、发行权、出租权、展览权、表演权等属于财产权利。由于人身权具有较强的人身依附性，基于一定的身份而存在，因此著作权中的人身权不能作为遗产继承，而著作权中的财产权可以作为遗产继承。著作权中的人身权虽然不能继承，但是作者死后，由其继承人或受遗赠人保护、行使。《著作权法实施条例》第 15 条规定，作者死亡后，其著作权中的署名权、修改权和保护作品完整权由作者的继承人或者受遗赠人保护。著作权无人继承又无人受遗赠的，其署名权、修改权和保护作品完整权由著作权行政管理部门保护。第 17 条规定，作者生前未发表的作品，如果作者未明确表示不发表，作者死亡后 50 年内，其发表权可由继承人或者受遗赠人行使；没有继承人又无人受遗赠的，由作品原件的所有人行使。

根据《著作权法》第 19 条的规定，著作权属于公民的，公民死亡后，其著作权中的财产权在规定的保护期内的，依照继承法的规定转移。著作权属于法人或者其他组织的，法人或者其他组织变更、终止后，其著作权中的财产权在规定的保护期内，由承受其权利义务的法人或者其他组织享有；没有承受其权利义务的法人或者其他组织的，由国家享有。因此，能够作为遗产继承的只是公民享有的著作权中的财产权。

还要注意一种情况，即多个公民合作完成的作品，合作作者之一死亡后，其对合作作品享有的财产权无人继承又无人受遗赠的，由其他合作作者享有。

21. 合伙人死亡的，合伙资格属于遗产吗?

合伙是指自然人、法人和其他组织通过订立合伙协议设立企业的行为。合伙分为普通合伙和有限合伙。普通合伙企业由普通合伙人组成，合伙人对合伙企业债务承担无限连带责任。有限合伙企业由普通合伙人和有限合伙人组成，普通合伙人对合伙企业债务承担无限连带责任，有限合伙人以其认缴的出资额为限对合伙企业债务承担责任。

在普通合伙中，合伙人死亡或者被依法宣告死亡的，对该合伙人在合伙企业中的财产份额享有合法继承权的继承人，按照合伙协议的约定或者经全体合伙人一致同意，从继承开始之日起，取得该合伙企业的合伙人资格。但是，有下列情形之一的，合伙企业应当向合伙人的继承人退还被继承合伙人的财产份额：（1）继承人不愿意成为合伙人；（2）法律规定或者合伙协议约定合伙人必须具有相关资格，而该继承人未取得该资格；（3）合伙协议约定不能成为合伙人的其他情形。合伙人的继承人为无民事行为能力人或者限制民事行为能力人的，经全体合伙人一致同意，可以依法成为有限合伙人，普通合伙企业依法转为有限合伙企业。全体合伙人未能一致同意的，合伙企业应当将被继承合伙人的财产份额退还该继承人。

在有限合伙中，作为有限合伙人的自然人死亡、被依法宣告死亡或者作为有限合伙人的法人及其他组织终止时，其继承人可以依法取得该有限合伙人在有限合伙企业中的资格。

22. 公司股东资格能否作为遗产?

有限责任公司的股东因出资取得股东资格，基于股东资格对公司进行经营管理，取得相应的收益和分红，因此，股东资格看似是一种人身权利，实际上是一种财产权利。《公司法》第 75 条规定，自然人股东死亡后，其合法继承人可以继承股东资格；但是，公司章程另有规定的除外。据此规定，继承人能否继承股东资格，首先要看公司章程是否对此作出了规定，章程有规定的，按照章程办理，章程没有规定的，已故股东的继承人就可以继承股东资格。继承人继承股东资格后便成为股东，如果其不善于或者不愿意作为股东参与公司经营管理，可以将股份转让，获得相应的价款。继承人继承的是已故股东的份额，对其他股东的份额不产生影响。

23. 同一顺序有多个继承人的，由谁继承公司股东资格？

股东资格可以继承，但是当同一顺序有多个继承人的，按理来说各继承人都有继承资格，都可以成为股东。但是，我国《公司法》对有限公司的股东人数作出了限制，不得超过 50 人。因此，各继承人继承股东资格后公司股东人数未突破 50 人的，各继承人均可继承股东资格，公司应当到有关机关登记变更股东名册。如果多个继承人成为股东后突破了 50 人的限制，就违反了法律规定，此时应由继承人之间进行协商，由部分继承人将股东资格转让给其他继承人，以使股东人数符合法律规定。当然，也可以由所有继承人将股东资格转让给其他股东。

24. 继承人需要明确表示接受继承才能享有继承资格吗?

被继承人死亡时，继承发生，继承人自动取得继承资格，不需要明确表示接受继承。但是根据《民法典》第 1124 条第 1 款的规定，继承人放弃继承遗产的，应当以书面形式明确表示放弃，没有表示放弃则意味着接受继承。继承权是自然人的一项基本民事权利，自出生起就自动享有，不需要任何人的许可，因此继承开始时，继承人就可以根据法律规定或者遗嘱内容自主行使继承权，其他任何人不得干涉。因为法律默认继承人会行使继承权，如果继承人不想继承又不作出说明，原本应由他继承的那部分财产就会成为无主物，不利于被继承人和其他继承人的财产权利保护，所以放弃继承时需要作出书面说明。继承人放弃继承后，原本应由他继承的那部分遗产由其他继承人按照法律规定继承。

25. 受遗赠人需要作出接受赠与的表示吗?

《民法典》第 1124 条第 2 款规定，受遗赠人应当在知道受遗赠后 60 日内，作出接受或者放弃受遗赠的表示。到期没有表示的，视为放弃受遗赠。与接受继承不同，接受遗赠需要作出明确的表示。受遗赠人是法定继承人以外的人，接受遗赠的权利并不是天然享有的，而是根据遗嘱取得。因此，遗赠人死亡后，法律或者其他继承人并不确定受遗赠人是否接受赠与，受遗赠人需要作出声明。如果受遗赠人在 60 日内没有明确表示接受遗赠的，就视为放弃受遗赠，由法定继承人来继承相应部分的遗产。

应当注意的是，这里的表示接受遗赠的时间是“知道受遗赠后 60 日内”，而不是被继承人死亡之后 60 日内。实践中，继承从被继承人死亡时开始，但是此时受遗赠人可能出于某些因素不知道自己享有受遗赠权，如果将表示接受遗赠的时间规定为继承开始后 60 日内，就可能出现其他继承人为争夺遗产而故意隐瞒真相等侵害受遗赠人合法权益的事情。因此，无论继承人死后多久，受遗赠人只要知道自己有接受遗赠的权利，就应当在 60 日内表示接受赠与，遗产被其他继承人侵占的，受遗赠人可以要求其他继承人返还相应的遗产。关于表示接受的方式，不仅指发出声明等明示方式的表示，还包括接受相应的遗产、进行产权登记等默示方式的表示。

26. 继承人杀害被继承人未遂的，还能继承遗产吗？

根据《刑法》规定，故意杀人分为杀人既遂和杀人未遂。既遂是指行为人已经实现杀人的目的，被害人已经被杀死。未遂是指行为人在犯罪过程中出于自己意志以外的因素，如被他人发现并制止、被害人逃跑等，未实现杀害被害人的目的。

《民法典》第 1125 条规定，继承人故意杀害被继承人的，丧失继承权。这里所说的故意杀害是指有杀人的动机和目的，并且已经实施了杀害被继承人的行为，无论结果是既遂还是未遂，继承人都丧失继承权。此外，不管继承人杀害被继承人的动机是争夺遗产还是出于其他原因，只要实施了杀害行为就丧失继承权。

为了尊重被继承人的意愿，如果继承人有丧失继承权的行为，但事后确有悔改表现，被继承人表示宽恕或者在遗嘱中将其列为继承人的，该继承人不丧失继承权，仍然可以按照法定继承或者遗嘱内容继承相应的遗产份额。但是，宽恕制度不适用于故意杀害被继承人和为争夺遗产而杀害其他继承人的情形，有这两种行为的继承人将永久丧失继承权。

27. 受遗赠人在哪些情形下会丧失受遗赠权？

受遗赠人根据遗嘱或者遗赠扶养协议而取得受遗赠的资格。根据《民法典》的规定，丧失受遗赠权的情形与丧失继承权的情形一致，当受遗赠人有下列行为时，其受遗赠的资格丧失，就没有权利继续接受遗赠：（1）故意杀害遗赠人；（2）为争夺遗产而杀害继承人或者其他受遗赠人；（3）遗弃遗赠人，或者虐待遗赠人情节严重；（4）伪造、篡改、隐匿或者销毁遗嘱，情节严重；（5）以欺诈、胁迫手段迫使或者妨碍遗赠人设立、变更或者撤回遗嘱，情节严重。

28. 继承人之间可以转让继承份额吗?

继承还未开始或者遗产分割前，继承人之间协商同意或者通过一定的对价转让继承权或者继承份额是无效的。因为此时继承人还未取得相应遗产的所有权，转让的行为属于无权处理。《司法部公证司关于办理继承权公证和赠与公证等问题的复函》规定，在未取得应继承财产的所有权之前，继承人之间通过协商的办法转移继承权和继承份额是无法律依据的。我国继承法中关于法定继承人之间可以协商继承份额的规定，只是指继承人之间可以对继承份额的划分进行协商。继承权作为一种具有人身性质的财产权利，是不能转让的。因此，继承人放弃继承就不能再通过继承协议的方式将他应继承的份额转让给其他继承人。只有在办理了继承手续，对应继承的份额取得了所有权之后，继承人才能将该份额赠与他人所有。

29. 自然人失踪多年的，其财产如何处理?

根据《民法典》第 46 条的规定，自然人下落不明满四年或者因意外事件下落不明满二年的，利害关系人可以向人民法院申请宣告该自然人死亡。因意外事件下落不明，经有关机关证明该自然人不可能生存的，申请宣告死亡不受二年时间的限制。宣告死亡制度是我国法律为明确失踪人及其利害关系人的人身、财产关系而设立的制度。宣告死亡与自然死亡的法律后果相同。自然人被宣告死亡之后，其财产变为遗产，其失踪前立有遗嘱的，遗产按照遗嘱处理，未立遗嘱的，遗产按照法定继承处理。

30. 自然人被宣告死亡的，继承从何时开始？

继承从被继承人死亡时开始。对于被宣告死亡的人来说，其被宣告死亡的日期即为死亡日期。那么，如何确定被宣告死亡的日期呢？根据《民法典》第 48 条的规定，被宣告死亡的人，人民法院宣告死亡的判决作出之日视为其死亡的日期；因意外事件下落不明宣告死亡的，意外事件发生之日视为其死亡的日期。因此，自然人被宣告死亡的，一般情况下，继承从人民法院作出宣告死亡判决之日起开始，各继承人可以从此日开始推选遗产管理人，进行遗产盘点、分割。自然人因意外事件下落不明被宣告死亡的，继承从意外事件发生之日已经开始，只是继承人还不知道继承已经发生的事实，可以从其知道之日，一般也就是判决作出之日起处理遗产分配事宜。

31. 被宣告死亡的自然人“复活”后，可以要回已被分配的遗产吗？

自然人被宣告死亡之后重新出现的，本人或者利害关系人都可以向人民法院申请撤销宣告死亡。自然人被撤销死亡宣告后，财产关系自然恢复到被宣告死亡之前的状态，因此，其财产已被当作遗产进行分配的，可以向相关继承人要回。《民法典》第53条规定，被撤销死亡宣告的人有权请求依照本法继承编取得其财产的民事主体返还财产。无法返还的，应当给予适当补偿。现实中常见的案例是自然人被宣告死亡之后，继承人将其房产转让给第三人，此时，第三人属于善意并且办理了过户登记手续，属于合法取得该房屋，被撤销死亡宣告的自然人便不能再要回该房产，应由转让该房屋的继承人给予一定补偿。

32. 无民事行为能力人、限制民事行为能力人如何行使继承权、受遗赠权?

不满八周岁的未成年人及不能辨认自己行为的成年人为无民事行为能力人，由其法定代理人代理实施民事法律行为。八周岁以上的未成年人或者不能完全辨认自己行为的成年人为限制民事行为能力人，实施民事法律行为由其法定代理人代理或者经其法定代理人同意、追认。但是无民事行为能力人和限制民事行为能力可以独立实施纯获利益的民事法律行为。未附条件的继承和遗赠虽然属于纯获利益的行为，但是继承人要放弃继承的，需要作出放弃的表示，受遗赠人要接受赠与的，需要作出接受的表示，对于无民事行为能力人、限制民事行为能力人来说，无论是放弃继承还是接受遗赠，均需要法定代理人代为作出表示。而就附条件的继承和遗赠而言，因无民事行为能力人、限制民事行为能力人无法判断条件是否适当、是否能实现，所以仍应由法定代理人判断之后代为作出是否放弃继承或者接受遗赠的表示。

33. 继承纠纷可以通过哪些途径解决？

《民法典》第 1132 条规定，继承人应当本着互谅互让、和睦团结的精神，协商处理继承问题。遗产分割的时间、办法和份额，由继承人协商确定。协商不成的，可以由人民调解委员会调解或者向人民法院提起诉讼。

继承纠纷属于民事范畴，我国对于民事行为采取“意思自治”的原则，最大限度地尊重当事人的意愿。而继承问题关系家庭是否和睦，涉及的事项极其复杂，因此当发生继承纠纷时，当事人首先应当心平气和地摆事实、讲道理，争取在不破坏亲属关系的基础上解决纠纷。但是协商并不是申请调解和提起诉讼的前提条件，当事人不愿意协商或者协商不成的，可以直接申请调解或者提起诉讼。

此处所讲的调解是指人民调解，不包括到法院起诉后法院阶段的调解，是指人民调解委员会通过说服、疏导等方法，促使当事人在平等协商的基础上自愿达成调解协议，解决民间纠纷的活动。人民调解委员会一般设置在村民委员会、居民委员会，部分企业事业单位也设有调解委员会，当事人可以向它们申请调解。

同样，调解也不是诉讼的必经程序，当事人可以不经过调解而直接向人民法院提起诉讼。至于向哪个法院起诉，我国《民事诉讼法》第 21 条规定，对公民提起的民事诉讼，由被告住所地人民法院管辖；被告住所地与经常居住地不一致的，由经常居住地人民法院管辖。同一诉讼的几个被告住所地、经常居住地在两个以上人民法院辖区的，各该人民法院都有管辖权。

34. 发生继承纠纷应向哪个法院起诉？

发生继承纠纷后，应当向有管辖权的法院起诉。继承纠纷属于民事纠纷，应当根据民事诉讼法的规定来确定管辖法院。《民事诉讼法》第 21 条规定，对公民提起的民事诉讼，由被告住所地人民法院管辖；被告住所地与经常居住地不一致的，由经常居住地人民法院管辖。同一诉讼的几个被告住所地、经常居住地在两个以上人民法院辖区的，各该人民法院都有管辖权。第 22 条规定，下列民事诉讼，由原告住所地人民法院管辖；原告住所地与经常居住地不一致的，由原告经常居住地人民法院管辖：（1）对不在中华人民共和国领域内居住的人提起的有关身份关系的诉讼；（2）对下落不明或者宣告失踪的人提起的有关身份关系的诉讼；（3）对被采取强制性教育措施的人提起的诉讼；（4）对被监禁的人提起的诉讼。

根据上述法律规定，发生继承纠纷的，一般来说原告应当到被告住所地的人民法院起诉；各个被告的住所地、经常居住地不一致的，可以向其中任何一个地方的人民法院起诉；被告具有《民事诉讼法》第 22 条规定的情形之一的，原告可以向本人住所地的人民法院起诉。

35. 继承案件的诉讼费用由谁负担？

根据《诉讼费用交纳办法》第 29 条的规定，诉讼费用由败诉方负担，胜诉方自愿承担的除外。部分胜诉、部分败诉的，人民法院根据案件的具体情况决定当事人各自负担的诉讼费用数额。共同诉讼当事人败诉的，人民法院根据其对诉讼标的的利害关系，决定当事人各自负担的诉讼费用数额。第 31 条规定，经人民法院调解达成协议的案件，诉讼费用的负担由双方当事人协商解决；协商不成的，由人民法院决定。但是，原告向法院提起诉讼时尚不知道哪一方会败诉，所以原告需要预交案件受理费。当事人交纳诉讼费用确有困难的，可以依法向人民法院申请缓交、减交或者免交诉讼费用的司法救助。

36. 部分继承人既不参加诉讼，又不放弃继承权利的，该如何处理？

发生继承纠纷的，继承人可以通过向人民法院提起民事诉讼来解决。提起诉讼应当有明确的原告和被告。在一般民事案件中，原告为提起诉讼的人。但是继承纠纷比较特殊，涉及各个继承人的利益，还可能涉及与第三人的财产权属纠纷，即使部分继承人未起诉，人民法院作出的判决可能会涉及遗产的重新分配，会对各继承人的权利产生影响。因此，继承纠纷中部分继承人起诉的，人民法院应通知其他继承人作为共同原告参加诉讼。继承诉讼开始后，如继承人、受遗赠人中有既不愿参加诉讼，又不表示放弃实体权利的，应追加为共同原告；已明确表示放弃继承的，不再列为当事人。

37. 继承诉讼中有可能存在其他继承人的，怎么办?

在继承诉讼案件中，如果有初步证据表明可能有其他未参加诉讼的继承人存在，人民法院在诉讼审判中会依职权进行调查核实。但是，依当事人提供的已有证据及人民法院依职权调查核实的证据均无法证明该自然人的存在及继承人身份的，人民法院不予追加。

现实中，由于部分继承案件涉及的亲属关系事实时间跨度非常大，在旧有信息保存技术不充分、不发达的情况下，很多事实的确难以精确还原。实践中常出现有证据显示仍有其他继承人存在，但穷尽现有手段仍无法获得其准确身份信息的情况。对于这种情况，实践中做法不一，争议较大。有的人民法院以证据不足为由不予追加，有的则在判决中留下相应份额。即使将来出现真实情况与认定的判决事实不一致的情况，也可以通过审判监督程序解决由这一新事实变化所引发的问题。

38. 继承诉讼中由谁承担举证责任?

我国民事诉讼遵循“谁主张，谁举证”的原则，当事人对自己提出的主张，有责任提供证据。但是也有例外情况，当事人及其诉讼代理人因客观原因不能自行收集的证据，或者人民法院认为审理案件需要的证据，由人民法院调查收集。

在继承纠纷中，应根据实际情况来确认由谁承担举证责任。在法定继承中，部分继承人主张其他继承人丧失继承资格的，应当提供证据证明其他继承人有严重虐待、杀害被继承人等丧失继承资格的情形。在遗嘱继承中，原则上应由持有并主张遗嘱真实的一方对遗嘱的真实性承担举证证明责任。因遗产数额发生争执的，主张自己应当受到照顾或者可以多分的继承人，应对据以多分的事实，如自己既无劳动能力又无生活来源，自己尽了主要扶养义务等负举证责任。主张对方应当不分或者少分遗产的当事人，是否应当对作为不分或少分依据的事实负举证责任，要视具体情形而定。如果所主张的事实是对方故意隐匿、侵吞、争抢遗产或者对方有虐待被继承人的行为，自然应负举证责任；如果所主张的事实是对方有扶养能力和扶养条件，但不尽扶养义务，举证责任就不宜由该继承人承担。否认这一事实，主张自己尽了扶养义务或者自己确实没有能力、没有条件尽扶养义务的继承人，应对所主张的事实负举证责任。

39. 无法认定遗嘱真实性的，举证责任如何分配?

在继承诉讼中，原则上应由持有遗嘱并主张遗嘱真实的一方承担举证责任。但是，在因无法提供足够的鉴定对比样本而导致不能鉴定遗嘱笔迹的情况下，相关书证样本在对方当事人控制之下的，承担举证责任的当事人可以在举证期限届满前书面申请人民法院责令对方当事人提交。对方当事人无正当理由拒不提交的，人民法院可以认定申请人所主张的书证内容为真实。也就是说，如有证据证明一方当事人持有鉴定对比样本，即其持有的有遗嘱人笔迹的书面材料而拒不提供的，人民法院可根据案情确定由该方承担不利后果。

40. 继承纠纷的诉讼时效有多长？

诉讼时效制度是指民事权利受到侵害的权利人在法定的时效期间内不行使权利，当时效期间届满时，法院将不再支持其诉讼请求的制度。在《民法典》颁布之前，《继承法》第 8 条规定，继承权纠纷提起诉讼的期限为二年，自继承人知道或者应当知道其权利被侵犯之日起计算。但是，自继承开始之日起超过二十年的，不得再提起诉讼。但是，《民法典》继承编中删除了关于继承纠纷诉讼时效的规定，因此，继承纠纷的诉讼时效适用一般诉讼时效的规定，即《民法典》第 188 条规定："向人民法院请求保护民事权利的诉讼时效期间为三年。法律另有规定的，依照其规定。诉讼时效期间自权利人知道或者应当知道权利受到损害以及义务人之日起计算。法律另有规定的，依照其规定。但是，自权利受到损害之日起超过二十年的，人民法院不予保护；有特殊情况的，人民法院可以根据权利人的申请决定延长。"根据该规定，继承纠纷的诉讼时效为三年，超过二十年的，法院将不再予以保护。

第二章　法定继承

41. 法定继承人具体包括哪些?

根据《民法典》第 1127 条的规定，法定继承人包括配偶、子女、父母、兄弟姐妹、祖父母、外祖父母。

配偶，是指男女双方经过结婚而缔结的亲属关系，夫妻双方互为配偶。《民法典》第 1061 条规定，夫妻有相互继承遗产的权利。根据我国关于婚姻家庭的法律规定，男女双方必须到婚姻登记机关进行结婚登记才属于合法夫妻。那么未经登记而共同生活，一方死亡的，另一方享有继承权吗？根据《最高人民法院关于适用〈中华人民共和国婚姻法〉若干问题的解释（一）》第 5 条、第 6 条的规定，应当分情况处理：（1）1994 年 2 月 1 日民政部《婚姻登记管理条例》公布实施以前，男女双方已经符合结婚实质要件的，按事实婚姻处理，即男女双方可以互相继承。（2）1994 年 2 月 1 日民政部《婚姻登记管理条例》公布实施以后，男女双方符合结婚实质要件的，人民法院应当告知其在案件受理前补办结婚登记；未补办结婚登记的，按解除同居关系处理，此时，男女双方相互不发生继承关系。

子女，包括婚生子女、非婚生子女、养子女和有抚养关系的继子女。这里需要特别注意的是非婚生子女，非婚生子女、婚生子女都属于亲生子女，区别在于父母是否按照法律规定缔结了婚姻关系。《民法典》第1071条规定，非婚生子女享有与婚生子女同等的权利，任何组织或者个人不得加以危害和歧视。因此，非婚子女享有与婚生子女同等的继承权。

关于其他法定继承人，在实践中不容易产生误解，因此不再赘述，仅作简要说明。父母，包括生父母、养父母和有扶养关系的继父母。兄弟姐妹，包括同父母的兄弟姐妹、同父异母或者同母异父的兄弟姐妹、养兄弟姐妹、有扶养关系的继兄弟姐妹。法律并没有对祖父母、外祖父母作出特别的规定，因此一般理解为有血缘关系的祖父母、外祖父母。

42. 法定继承中，各继承人有先后顺序吗？

在法定继承中，继承人应是被继承人的血亲或者配偶，由于与被继承人的亲疏关系不同，各继承人在继承遗产时有先后顺序。《民法典》第1127条规定："遗产按照下列顺序继承：（一）第一顺序：配偶、子女、父母；（二）第二顺序：兄弟姐妹、祖父母、外祖父母。继承开始后，由第一顺序继承人继承，第二顺序继承人不继承；没有第一顺序继承人继承的，由第二顺序继承人继承。"

那么，同一顺序继承人之间有先后顺序吗？答案是否定的。以第一顺序继承人继承遗产为例，被继承人没有在遗嘱中对遗产份额进行说明的，被继承人的配偶、子女、父母平等地享有继承权，一般情况下每个人分得的遗产份额相同。

实践中应当注意丧偶儿媳、丧偶女婿作为第一顺序继承人的情况。《民法典》第1129条规定，丧偶儿媳对公婆，丧偶女婿对岳父母，尽了主要赡养义务的，作为第一顺序继承人。在这种情况下，丧偶儿媳、丧偶女婿与其他第一顺序继承人享有同等的继承权。

43. 已经出嫁的女儿还能继承父母的遗产吗？

《民法典》第1126条规定，继承权男女平等。男女平等是我国的一项基本国策，《宪法》第48条第1款规定："中华人民共和国妇女在政治的、经济的、文化的、社会的和家庭的生活等各方面享有同男子平等的权利。"继承权男女平等就是妇女在家庭生活方面享有同男子平等的权利的一种体现。子女因与父母存在血亲关系而取得继承父母遗产的资格，女儿也不例外，《民法典》第1125条明确规定了5种丧失继承权的情形，除非女儿具有这些情形之一，否则她享有继承权。出嫁并不属于法定的丧失继承权的理由，因此，无论女儿是否出嫁，她都享有继承权，任何人不得剥夺。

44. 服刑人员是否享有继承权？

自然人的继承权基于出生而取得，除了具有《民法典》第1125条规定的丧失继承权的情形之外，即使其在日常生活中有行为劣迹或者道德缺陷，仍然享有继承权。

服刑人员是否享有继承权，要看其是为何被判刑。如果是因为故意杀害继承人、为争夺遗产而杀害其他继承人、遗弃继承人或者虐待继承人情节严重而被判刑，则丧失继承权。如果是因为其他犯罪而被判刑，即使所犯的罪行再严重，被判的刑期再长，其也享有继承权。但是在分割遗产时，可以根据实际情况和法律规定判断服刑人员是否具有不分或者少分的情形，据此对其不分或者少分遗产。

45. 被送养的子女还能继承亲生父母的遗产吗？

根据我国法律规定，自收养关系成立之日起，养父母与养子女间的权利义务关系，适用法律关于父母子女关系的规定；养子女与养父母的近亲属间的权利义务关系，适用法律关于子女与父母的近亲属关系的规定。养子女与生父母及其他近亲属间的权利义务关系，因收养关系的成立而消除。收养关系解除后，养子女与养父母及其他近亲属间的权利义务关系自行消除，与生父母及其他近亲属间的权利义务关系自行恢复，但成年养子女与生父母及其他近亲属间的权利义务关系是否恢复，可以协商确定。据此可知，如果子女已经被亲生父母送养，和他人形成了收养关系，且不存在解除收养的情形，那么该子女就无法继承亲生父母的遗产。但是，父母愿意分给一部分或者该子女对亲生父母照顾较多的情况除外。

46. 断绝父子关系后，儿子就不能继承父亲的遗产了吗？

父母与子女之间的关系是一种天然的血亲关系，子女只有在被他人收养的情况下才能解除与亲生父母的关系，在其他情形下，父母子女间的关系不因单方声明而解除。因此，断绝父子关系的说法没有法律依据，双方的父子关系依然存在，受法律保护，儿子依然是父亲的法定继承人，有权继承父亲的遗产。

在现实生活中，父母之所以要与子女断绝亲属关系，很大一部分原因是子女不孝。此时，父母可以根据《民法典》第1125条关于继承人丧失继承权的规定取消子女的继承权，或者根据第1130条关于继承人有扶养能力和扶养条件而不尽扶养义务的规定给该子女不分或者少分遗产。否则，父母仅声明断绝亲属关系而没有证明子女有上述两种情形的，子女仍然能够根据法定继承分得遗产。

47. 人工授精所生子女享有对父母遗产的继承权吗？

子女是父母的第一顺序继承人。《民法典》明确规定，继承中的子女包含婚生子女、非婚生子女、养子女和有扶养关系的继子女，并未明确人工授精所生子女的地位。因此，人工授精所生的子女是否享有对父母遗产的继承权，取决于其是否为婚生子女。《最高人民法院关于夫妻关系存续期间以人工授精所生子女的法律地位的函》规定："在夫妻关系存续期间，双方一致同意进行人工授精，所生子女应视为夫妻双方的婚生子女，父母子女之间权利义务关系适用《婚姻法》的有关规定。”根据该规定，在夫妻关系存续期间，只要双方一致同意的，无论精子是不是受孕妇女的丈夫提供的，人工授精所生的子女都应视为夫妻双方的婚生子女，对双方的遗产享有继承权。

相对于上述情况，在婚姻关系存续期间，妻子背着丈夫使用他人提供的精子进行人工授精生育的，所生子女与生育妇女的丈夫既没有血缘关系，也不产生法律上的父子关系，因此该子女不能继承生育妇女的丈夫的遗产，但可以继承生育妇女，即其母亲的遗产。

48. 独生子女能继承父母的全部遗产吗？

在现实生活中会有这样的情况，父母死亡后，独生子女就当然地认为父母留下的房产由自己全部继承，但是去房屋登记部门办理过户登记时却遭到拒绝，理由是该房屋还有其他继承人。

第一顺序继承人除了子女，还有配偶和父母。当独生子女的祖父母、外祖父母先于独生子女的父母去世的，那么父母的遗产就由该独生子女全部继承。例如，张三是独生子，他的祖父母、外祖父母早已死亡，现在张三的父亲死亡，张三父母名下的房子要分为两部分，一部分是母亲的个人财产，另一部分作为父亲的遗产由张三和母亲各继承一半，因此，张三享有该房产四分之一的份额，母亲享有四分之三的份额。待将来母亲死后，母亲的遗产由张三一人继承，所以房产份额就全部属于张三。

但是当独生子女的父母先于独生子女的祖父母、外祖父母去世的，祖父母、外祖父母作为第一顺序继承人可以分得相应的财产，那么，该独生子女就不能继承父母的全部遗产。例如，张三是独生子，他的父亲在他年幼时因意外死亡，那么父母名下的房产同样应先分为两部分，一部分是母亲的个人财产，另一部分分为四份由张三和母亲、张三的祖父母各继承一份，此时，张三和祖父、祖母各享有房产份额的八分之一，母亲享有八分之五。待张三的母亲去世后，也要分情况，如果外祖父母先于母亲去世的，张三就可以继承母亲的那八分之五份额，再加上自己从父亲那里继承的八分之一，总共能继承房产份额的八分之六，也就是四分之三的份额。如果母亲去世时外祖父母尚在的，母亲的八分之五份额要分成三份，张三只能继承其中一份，再加上从父亲那里继承的份额，总共能继承房产份额的二十四分之八，也就是三分之一的份额。

49. 继子女可以同时继承继父母和生父母的遗产吗?

子女对生父母的遗产享有继承权，子女未对生父母尽到赡养义务的，并不当然丧失继承权，但是分配遗产时可以少分或者不分。而继子女对继父母的遗产享有继承权的前提是双方之间有扶养关系，只要继父母对未成年继子女尽到抚养义务，或者成年继子女对继父母尽到赡养义务的，继子女就可以继承继父母的遗产。

因此，这两个继承关系应该分开来看，互不影响。《最高人民法院关于贯彻执行〈中华人民共和国继承法〉若干问题的意见》第 21 条规定，继子女继承了继父母遗产的，不影响其继承生父母的遗产。同样，继父母继承了继子女遗产的，不影响其继承生子女的遗产。

50. 在农村，老年人和部分子女共处一户，老年人去世后，其他子女主张继承房屋的，怎么办？

在农村家庭中，部分子女与老年人分家另过，部分子女与老年人共为一户且未新分得宅基地。老年人死亡时，已分家另过的子女诉讼主张对相应宅基地上房屋进行继承的，人民法院不予支持。人民法院应释明当事人可以对相应宅基地上房屋折算价值主张继承。此外，上述分家另过子女仍为农村集体经济组织成员身份且未取得农村宅基地的，主张相应宅基地上房屋权利的，则应当予以支持。

51. 在农村，对老年人生前房屋翻新扩建作出较多贡献的人，是否可以主张继承该房屋？

在农村，对老年人生前宅基地上房屋翻新扩建确实存在贡献的人，据此主张享有宅基地上房屋共有权或增加相应继承份额的，由于这种主张混淆了两种不同的法律关系，即基于继承获得的物权请求权和基于翻新扩建贡献的债权请求权，所以人民法院不予支持。对于其据此主张的相应补偿请求，人民法院应根据相应证据，尊重风俗习惯，从公平角度出发，在判断法律关系性质属于赠与、亲属间无偿帮扶抑或债务的基础上，确定是否支持。

52. 男女同居的，如何确定双方的继承关系？

《最高人民法院关于适用〈中华人民共和国婚姻法〉若干问题的解释（一）》第6条规定，未按法律规定办理结婚登记而以夫妻名义共同生活的男女，一方死亡，另一方以配偶身份主张享有继承权的，按照该解释第5条的原则处理。该解释第5条规定，未按法律规定办理结婚登记而以夫妻名义共同生活的男女，起诉到人民法院要求离婚的，应当区别对待：（1）1994年2月1日民政部《婚姻登记管理条例》公布实施以前，男女双方已经符合结婚实质要件的，按事实婚姻处理。（2）1994年2月1日民政部《婚姻登记管理条例》公布实施以后，男女双方符合结婚实质要件的，人民法院应当告知其在案件受理前补办结婚登记；未补办结婚登记的，按解除同居关系处理。由此可见，1994年2月1日之后，如果同居双方没有补办结婚登记，一方死亡的，另一方不享有法定继承权。如果一方要主张继承权，只能根据遗嘱或者《民法典》第1131条的规定来主张。

53. 未过门的准儿媳能够分得遗产吗?

根据《民法典》第1129条的规定，丧偶儿媳对公婆尽了主要赡养义务的，可以作为第一顺序继承人。该条所指的儿媳是指与被继承人的儿子办理了结婚登记手续的女性，其取得继承权的基础一方面是合法的婚姻关系，另一方面是对公婆尽了主要赡养义务。而未过门的准儿媳缺少缔结合法婚姻关系这一基础，自然就不能依据该条主张分得遗产。但是这并不意味着未过门的准儿媳就无法分得遗产，如果她确实对未来公婆照顾得较多，就可以依据《民法典》第1131条的规定分得遗产。该条规定，继承人以外的对被继承人扶养较多的人，可以分给适当的遗产。因此，未过门的准儿媳在主张继承权时，应当注意援引正确的法律依据，否则有可能因为法律依据错误而不能分得遗产。

54. 离婚判决未生效，妻子能继承丈夫的遗产吗?

根据我国法律的规定，夫妻双方可以自愿到婚姻登记机关登记离婚，对财产分割、子女抚养等问题有纠纷的，可以通过诉讼的方式离婚。夫妻双方自愿登记离婚的，婚姻关系自办理离婚登记时解除。而通过诉讼离婚的，法院作出离婚判决后双方可以在15日之内提起上诉，在这期间内未提起上诉的，离婚判决才生效，双方的婚姻关系正式解除。因此，在这15日之内一方死亡的，因夫妻双方的婚姻关系尚未解除，一方还是另一方的法定继承人，有权根据法定继承的规定参与遗产分配。

但是，夫妻互为第一顺序继承人，第一顺序只有一人或者人数较少时，离婚一方配偶能分得全部或者较多数额的遗产。而此时双方已经闹到诉讼离婚的地步，按照常理推断，一方有较大的可能不愿意将遗产分配给另一方，或者减少分配的份额，因此，可以根据公平原则对遗产进行合理分配，对另一方适当少分。

55. 他人可以代替继承人放弃继承权吗?

继承人可以在继承开始后、遗产分割前放弃继承权，放弃的表示应当由继承人自己通过书面形式作出，不能由他人代为放弃。但是放弃继承需要办理公证，而继承人确实有理由不能亲自到场的，需要向他人出具授权书，委托他人代为办理放弃继承公证事项，口头授权无效。

由于无民事行为能力人和限制民事行为能力人不能独立实施民事法律行为，放弃继承权关系其财产权益，因此，他们放弃继承权的意思表示只能由法定代理人代为作出。此时，是否放弃继承权也由法定代理人代为判断。《最高人民法院关于贯彻执行〈中华人民共和国继承法〉若干问题的意见》第 8 条规定，法定代理人代理被代理人行使继承权、受遗赠权，不得损害被代理人的利益。法定代理人一般不能代理被代理人放弃继承权、受遗赠权。明显损害被代理人利益的，应认定其代理行为无效。因此，法定代理人在作出放弃继承权的决定之前，应当充分考虑各种利害关系，避免损害无民事行为能力人和限制民事行为能力人的财产权利。

56. 继承人放弃继承权后又反悔的，能否重新取得继承权？

继承人放弃继承权的，应在遗产分割前作出表示，因为遗产分割后财产的所有权即转移，对于这种合法的物权转移，法律是予以保护的。《最高人民法院关于贯彻执行〈中华人民共和国继承法〉若干问题的意见》第50条规定，遗产处理前或在诉讼进行中，继承人对放弃继承翻悔的，由人民法院根据其提出的具体理由，决定是否承认。遗产处理后，继承人对放弃继承翻悔的，不予承认。因此，继承人如果反悔了，想分得遗产，也应当在遗产分割前作出表示；在遗产分割后才反悔的，法院将不予支持，继承人不能再分得遗产。

57. 什么是代位继承？

代位继承是指被继承人的子女或者兄弟姐妹先于被继承人死亡时，由被继承人子女的直系晚辈血亲或者被继承人兄弟姐妹的子女继承遗产的一项继承制度。代位继承具有以下几个特征：

（1）代位继承发生的前提是被继承人的子女或者兄弟姐妹先于被继承人死亡。需要注意的是，被继承人的子女不仅包括婚生子女，还包括非婚生子女、养子女和有抚养关系的继子女。被继承人子女的死亡，包括民法所涉及的自然死亡和被宣告死亡。

（2）代位继承人必须是被继承人子女的晚辈直系血亲或者被继承人兄弟姐妹的子女。直系晚辈血亲并不受辈分的限制，包括被继承人的孙子女、外孙子女或曾孙子女、外曾孙子女等。

（3）代位继承人一般只能取得被代位人应继承的遗产份额。如果只有一位代位继承人，那么他可以继承被代位人应继承的全部遗产，如果有多位代位继承人，那么按照法定继承的规定，各代位人之间享有平等的继承权，可以平均分配被代位人应继承的遗产。

（4）被代位继承人生前必须具有继承权。如果被继承人的子女或者兄弟姐妹生前已经丧失了继承权，则不发生代位继承。

（5）代位继承只适用于法定继承方式。这是因为遗嘱必须以立遗嘱人死亡为生效的条件，在遗嘱继承人先于遗嘱人死亡的情况下，遗嘱不发生效力。

58. 代位继承的顺序是怎样的?

在法定继承中，第一顺位继承人为配偶、父母、子女。但在被继承人的子女先于被继承人死亡的情况下，由被继承人的子女的直系晚辈血亲代位继承。例如，张三因年老自然死亡，他的遗产本应由老伴和儿子小张各继承二分之一，但是小张多年前因车祸死亡，所以此时由小张的孩子来继承本应由小张继承的那一半遗产。如果小张只有一个孩子，那么由这个孩子代位继承；如果小张有两个以上的孩子，那么这些孩子都有权参加代位继承。

代位继承还有另外一种情形，即由被继承人的兄弟姐妹的子女代位继承，这是《民法典》的新增内容，扩大了代位继承的范围。法定继承按照一定的顺序进行，有第一顺序继承人的，由第一顺序继承人继承，没有第一顺序继承人的，由第二顺序继承人继承。第二顺序继承人包括兄弟姐妹、祖父母、外祖父母。一般来说，在被继承人没有第一顺序继承人的情况下，其自然死亡时，祖父母、外祖父母早已去世，法定继承人就只有兄弟姐妹，而如果兄弟姐妹也已经去世，则由兄弟姐妹的子女来继承被继承人的遗产。

根据《民法典》第 1128 条第 3 款的规定，代位继承人一般只能继承被代位继承人有权继承的遗产份额。也就是说，被继承人没有立遗嘱的，其死后遗产由各继承人平均分配，代位继承人分得的是其中一份。

59. 老人的子女丧失继承权的，孙子女还能代位继承吗?

代位继承以继承人享有继承权为前提，继承人丧失继承权之后，也就没有了代位继承的基础。因此，老年人的子女因法定原因，如严重虐待、杀害被继承人，杀害其他继承人等，致使该子女丧失继承权的，其晚辈直系血亲不得代位继承。但是，若该子女的晚辈直系血亲缺乏劳动能力又没有生活来源，或对被继承人尽赡养义务较多的，可适当分给遗产。此处，该子女的晚辈直系血亲获得遗产的依据是法律规定，而不是代位继承。

60. 法律对遗产分配份额有什么特殊规定吗？

在对遗产份额进行分配时，被继承人立有遗嘱或者签订了遗赠扶养协议的，继承人或受遗赠人应当根据遗嘱或者协议上所载的份额取得相应财产，其他继承人不得干涉。但是在被继承人没有立遗嘱或者没有签订遗赠扶养协议的情况下，一般来说，同一顺序继承人继承遗产的份额一般应当均等。

但是在某些情形下，如果平等分配遗产会显失公平，或者对部分继承人的生活造成严重影响，所以《民法典》第 1130 条规定在 3 种情形下可以不均等分配遗产：（1）根据协商的原则。继承人协商同意的，可以不均等分配。但是继承人以不履行扶养义务作为少继承或者放弃继承条件的，该行为无效。（2）根据照顾弱者的原则。对生活有特殊困难又缺乏劳动能力的继承人，分配遗产时，应当予以照顾。对于这类继承人，除了在法定继承中应当予以照顾之外，在遗嘱继承中，遗嘱人立遗嘱时应当为他们保留适当的份额，使他们获得赖以生存的物质生活资料。（3）根据尽扶养义务多少的原则。对被继承人尽了主要扶养义务或者与被继承人共同生活的继承人，分配遗产时可以多分。有扶养能力和扶养条件的继承人，不尽扶养义务的，分配遗产时，应当不分或者少分。

61. 继承人以外的人可以通过哪些方式取得遗产?

根据我国法律的规定，取得遗产的方式有三种：第一，根据法定继承取得；第二，根据遗嘱取得；第三，根据遗赠扶养协议取得。那么，除了这三种形式确定的继承人、受遗赠人以外，其他人可以分得遗产吗？如果可以，需要满足哪些条件？

根据《民法典》第 1131 条的规定，继承人以外的人要分得遗产，必须满足两个前提条件，一是依靠被继承人扶养，二是对被继承人扶养较多。对于这两类人，即使遗嘱没有说明，仍可以分给他们适当的遗产。依靠被继承人扶养的人是指被继承人死亡前扶养的人，如果是被继承人之前扶养过，死亡时不再扶养的人，那么他就不能分得遗产。对被继承人扶养较多的人是指原本对被继承人没有法定扶养义务，但是在日常生活中主动履行扶养义务，给被继承人提供了较多生活帮助的人。如果继承人之间对该人是否履行了扶养义务有争议，可以提起诉讼，由人民法院来裁决。

第三章 遗嘱继承和遗赠

62. 遗嘱生效要符合哪些条件?

我国法律充分尊重遗嘱人的意思表达，遗嘱人可以按照自己的意愿处分自己的遗产，但是立遗嘱属于民事法律行为，需要符合相应的法律要件，为保护遗嘱人和继承人的权利，我国法律对遗嘱的生效条件作了一定的限制。根据《民法典》第1143条的规定，以下4类遗嘱为无效遗嘱:(1)无民事行为能力人或者限制民事行为能力人所立的遗嘱;(2)受欺诈、胁迫所立的遗嘱;(3)伪造的遗嘱;(4)遗嘱被篡改的，篡改的内容无效。

我国法律并未对遗嘱生效的条件作出明确的规定，但是从《民法典》第1143条关于无效遗嘱的规定我们可以看出来，遗嘱生效的条件有两个方面:(1)遗嘱人必须具有遗嘱能力。遗嘱人在立遗嘱时必须具有完全民事行为能力，意识清醒。应当注意，此处说的是“立遗嘱时”，只要遗嘱人在立遗嘱的过程中具有完全民事行为能力，无论他之前或之后是否丧失或变成限制民事行为能力，其所立遗嘱均为有效。如果遗嘱人在立遗嘱的过程中无民事行为能力或者民事行为能力受到限制，那么即使他之后恢复了完全民事行为能力，之前所立的遗嘱也无效，需要重新立遗嘱或者按照法定继承办理。(2) 遗嘱必须是遗嘱人的真实意思表示。遗嘱必须真实、准确地表达遗嘱人的意思，任何人不得通过欺诈、胁迫、伪造、篡改等手段使遗嘱人对遗嘱内容作出改变，否则遗嘱无效。

63. 遗嘱应当包括哪些内容?

遗嘱的主要作用是进行遗产分配，有些老年人一生经历丰富，想在死前通过书面资料回顾自己的一生，这样的材料是出于遗嘱人的真实意愿，有老人的签名并且写明了年、月、日，虽然具备遗嘱的形式要件，但其并不能称为遗嘱。一般来说，遗嘱应当包括以下内容：(1) 遗嘱人的姓名、性别、出生日期、住址；(2) 遗嘱处分的财产状况（名称、数量、所在地点以及是否共有、是否抵押等）；(3) 对财产和其他事务的具体处理意见；(4) 有遗嘱执行人的，应当写明执行人的姓名、性别、年龄、住址等；(5) 遗嘱制作的日期以及遗嘱人的签名。遗嘱并非不能涉及遗产处理之外的其他事项，但如果全篇未提及遗产处理，就不能算是真正意义上的遗嘱。因此，遗嘱人在立遗嘱时应当写明上述事项。

64. 立自书遗嘱时需要注意哪些事项?

自书遗嘱是指遗嘱人，也就是被继承人亲笔书写的遗嘱。《民法典》第 1134 条规定，自书遗嘱由遗嘱人亲笔书写，签名，注明年、月、日。根据该条规定，被继承人立自书遗嘱时应当注意以下事项：

（1）自书遗嘱的全部内容必须由被继承人亲自书写，既不能是被继承人口述，由他人代写，也不能是打印遗嘱内容而由被继承人亲笔签名。

（2）被继承人写完遗嘱后必须亲自签名，否则无法证明该遗嘱是出于其真实意思表示。没有签名的遗嘱属于无效遗嘱。

（3）遗嘱上必须写明立遗嘱当天的年、月、日。一方面，若以后发生继承纠纷，遗嘱日期有助于确定被继承人立遗嘱时的精神状态是否正常、是否具备完全民事行为能力。另一方面，若同时存在几份内容相冲突的遗嘱，遗嘱日期有助于确定哪份遗嘱有效，一般来说，以日期在后的遗嘱为准。

此外，自书遗嘱并不是一经确定就不可修改，被继承人生前仍然可以根据自己的意愿随时修改遗嘱，新修改的遗嘱效力优先于旧遗嘱。

65. 立代书遗嘱时需要注意哪些事项？

代书遗嘱是指由遗嘱人口述，他人代为书写的遗嘱。《民法典》第 1135 条规定，代书遗嘱应当有两个以上见证人在场见证，由其中一人代书。遗嘱人、代书人和其他见证人应当在遗嘱上签名，注明年、月、日。

法律之所以要求两个以上见证人在场见证，是因为代书人可能会误解遗嘱人表达的意思，或者故意写错，使遗嘱不能体现遗嘱人的真实意思表示，所以需要另一个见证人来帮助监督。应当注意的是，见证人应当保持中立，不能是继承人或者与继承有利害关系的人。见证人应当是具有完全民事行为能力的人，否则见证无效，代书遗嘱也因此无效。

代书人书写完毕后，应当宣读遗嘱，遗嘱人和其他见证人确认无误后在遗嘱上签名。遗嘱人必须亲自签名，而不能由代书人或者其他人代签，代书人和其他见证人也要当场在遗嘱上签上自己的名字，并注明当天的年、月、日。

66. 遗嘱人自己打印的遗嘱有效吗？

随着科学技术的发展，现如今打印技术较为普及，打印成本低廉，越来越多的人选择以打印来代替亲自书写文件。但是就打印遗嘱而言，虽然打印的遗嘱字迹清晰，但是继承人因遗嘱的真实性发生纠纷时，就不能通过笔迹鉴定等技术手段判断遗嘱的真伪。为了解决这一问题，《民法典》规定了打印遗嘱生效的要件，即第1136条规定，打印遗嘱应当有两个以上见证人在场。遗嘱人和见证人应当在遗嘱每一页签名，注明年、月、日。

很多人会将自己打印的遗嘱与自书遗嘱混同，但我国法律规定这是两种不同形式的遗嘱，自书遗嘱必须由遗嘱人亲笔书写，打印遗嘱则要求必须有两名以上见证人在场见证。因此，遗嘱人不可以独自一人打印遗嘱，没有见证人见证的打印遗嘱是无效的。如果遗嘱人不想让他人知道自己对遗产作出的处理，最好还是自己亲笔书写遗嘱，自书遗嘱不需要他人在场见证，只需在末尾写明遗嘱人的姓名和年、月、日即可。

67. 手机录音遗嘱有效吗？

录音遗嘱，是指遗嘱人口述内容并用录音器材录制保存的遗嘱。现如今，人们在日常生活中已很少用到录音机，普通家庭也很少拥有专业的录音设备，常用的录音工具变成了手机。手机录音遗嘱是否有效，要看其是否满足法律规定的录音遗嘱的生效要件。

《民法典》第 1137 条规定，以录音录像形式立的遗嘱，应当有两个以上见证人在场见证。遗嘱人和见证人应当在录音录像中记录其姓名或者肖像，以及年、月、日。由此可见，法律并没有对录音设备作出专门的规定，因此用什么设备录音并不重要。通过手机录音订立遗嘱的，切记见证人也要在录音中说明自己的姓名和当天的日期，否则视为没有见证人，该份录音遗嘱无效。

68. 平日的承诺可以视为口头遗嘱吗？

口头遗嘱是指自然人在危急情况下通过口头表述所立的遗嘱。《民法典》第 1138 条规定，遗嘱人在危急情况下，可以立口头遗嘱。口头遗嘱应当有两个以上见证人在场见证。危急情况消除后，遗嘱人能够以书面或者录音录像形式立遗嘱的，所立的口头遗嘱无效。根据该规定，有效的口头遗嘱需要满足两个条件：一是由于情况危急，遗嘱人来不及通过其他方式订立遗嘱；二是需要有两个以上见证人在场见证，并且见证人不能是与继承有利害关系的人。

日常生活中，父母在家庭会议或者日常闲聊中对遗产分配作出口头承诺的，虽然有人在场见证，但是不满足情况危急和见证人不能是与继承有利害关系的人这两个要件，因此不能视作口头遗嘱。在这种情况下，父母去世的，其遗产按照法定继承处理。

69. 合立遗嘱有效吗?

日常生活中，有的人为了图方便而两个或者多个人合立一个遗嘱，这种情况在老年夫妻中较为常见。合立遗嘱在本质上还是多个单独的遗嘱，是各个遗嘱人对自己遗产作出处理的意思表达，只是在形式上通过一份遗嘱表现出来。因此，合立遗嘱是否有效，要看其是否符合遗嘱的有效要件。如果是自书遗嘱，需要各个遗嘱人亲自签名，只要其中有一个遗嘱人没有签名，那么关于他的遗产处理的内容无效，遗嘱的其他内容仍然有效。同样，多人合立代书遗嘱、录音录像遗嘱的，也需要共同在场，共同签字确认，但是遗嘱人之间不能相互作为见证人，应当邀请其他与继承没有利害关系的人作为见证人。

70. 哪些人不能作为遗嘱见证人?

根据《民法典》的规定，遗嘱人立代书遗嘱、打印遗嘱、录音录像遗嘱、口头遗嘱时都必须有两名以上见证人在场见证。然而，并不是任何人都可以作为遗嘱见证人。为了使遗嘱人处理遗产的意思表示能够得到真实、准确的表达，首先，遗嘱见证人必须具有完全民事行为能力，能够对见证的事项完全理解并清楚其后果。其次，见证人在见证过程中必须保持中立，尤其是见证代书遗嘱和口头遗嘱时，不能歪曲、恶意篡改遗嘱人的意思，否则被歪曲、篡改的遗嘱内容无效。最后，见证人需具有一定的文化水平，能够准确理解遗嘱文字所表达的意思，并在遗嘱上签名。

《民法典》第1140条规定，下列人员不能作为遗嘱见证人：（1）无民事行为能力人、限制民事行为能力人以及其他不具有见证能力的人；（2）继承人、受遗赠人；（3）与继承人、受遗赠人有利害关系的人。实践生活中，部分遗嘱人因为不相信外人，倾向于让自己的配偶、子女、兄弟姐妹等亲人来见证遗嘱订立过程，这样的做法不妥，因为这些人都是将来可能继承遗产的人，由他们作为见证人难保将来其他继承人不会有异议，从而引发纠纷。因此，遗嘱人可以邀请村委会、居委会的工作人员或者所在单位的领导、同事，或者身边德高望重的人作为遗嘱见证人。

71. 怎样理解遗嘱中的“必留份”？

“必留份”是指遗嘱人处理遗产时必须单独留出来的份额，分配给既缺乏劳动能力又没有生活来源的继承人。遗嘱人可以按照自己的意愿，通过遗嘱确定把遗产分给几个人或者只分给一个人，其他人不得干涉，但是有一个例外情况。根据《民法典》第 1141 条的规定，如果继承人中有缺乏劳动能力又没有生活来源的人，那么遗嘱人立遗嘱时要为这类继承人保留必要的遗产份额。一方面，遗嘱人基于血缘及法律规定对缺乏劳动能力又没有生活来源的继承人具有扶养义务，为这类继承人保留必要财产是履行扶养义务的表现；另一方面，如果不给这类继承人保留一定的财产份额，那么他们将失去赖以生存的物质生活条件，连最基本的生存权都得不到保障。

还有一种情况应当注意，根据《民法典》第 1159 条的规定，在用遗产清偿被继承人依法应当缴纳的税款和债务时，也要为缺乏劳动能力又没有生活来源的继承人保留必要的遗产。继承人是否缺乏劳动能力又没有生活来源，应按遗嘱生效时该继承人的具体情况确定。一般来说，这类人包括遗嘱人的未成年子女，以及因疾病、伤残、年迈而不能从事劳动的其他法定继承人。

72. 遗嘱人可以撤回或者变更遗嘱吗?

《民法典》第 1142 条规定，遗嘱人可以撤回、变更自己所立的遗嘱。遗嘱是单方法律行为。遗嘱人在设立遗嘱之后，根据其自己的真实意愿，有权依据法律和各种主客观原因的变化，撤销或变更原来所立的遗嘱。

撤回是指遗嘱的内容全部被取消，不发生任何效力。撤回分为明示撤回和默示撤回。明示撤回即遗嘱人通过声明等方式，使遗嘱不发生效力。默示撤回是指立遗嘱后，遗嘱人实施与遗嘱内容相反的民事法律行为的，视为对遗嘱相关内容的撤回。遗嘱撤回后，遗嘱人没有立新的遗嘱的，遗产按照法定继承处理；遗嘱人立有新的遗嘱的，按照新的遗嘱内容处理。

变更是指对遗嘱的部分内容进行改变。遗嘱人立有多份遗嘱并且内容相冲突的，后一份遗嘱视为对前一份遗嘱的变更。遗嘱人变更遗嘱时，必须具有完全民事行为能力。如果遗嘱人变更遗嘱时丧失了行为能力，那么原来立的遗嘱仍然有效。变更遗嘱必须出于遗嘱人的真实意愿，即没有受到他人的威胁、强迫、欺骗的情况存在。除公证、自书遗嘱外，变更其他形式的遗嘱时，都必须有两个以上的见证人在场见证。

需要注意的是，在《民法典》出台之前，公证遗嘱比其他形式的遗嘱更具有证明力，即法律效力最强，因此，遗嘱人不能以其他遗嘱变更或者撤回原来的公证遗嘱。但是，《民法典》取消了之前以最后所立公证遗嘱为准的法律规定，公证遗嘱具有与其他形式的遗嘱同等的法律效力。所以，即使遗嘱经过了公证，遗嘱人也可以通过立新的遗嘱来使公证遗嘱失效。

73. 最后一份遗嘱被撤销或无效的，先前的遗嘱有效吗?

被继承人立有数份内容相抵触的有效遗嘱，最后一份遗嘱被撤销的，该份遗嘱的前一份遗嘱发生效力。但是，如果被继承人对是否恢复在先的遗嘱效力以及恢复哪一份遗嘱效力另有表示的，则尊重被继承人的意愿，由其自己作出决定。

被继承人立有数份内容相抵触的遗嘱，最后一份遗嘱被认定无效时，该份遗嘱的前一份遗嘱发生效力。当然，前一份遗嘱应当是有效遗嘱，不符合遗嘱生效要件的当然无效，继承人不能依此取得遗产。所有遗嘱都无效的，只能由被继承人重新立遗嘱或者按照法定继承办理。

74. 遗嘱无效和遗嘱被撤回有什么区别?

遗嘱无效是指遗嘱缺乏法律规定的生效要件而自始不发生法律效力。遗嘱的撤回是指遗嘱人反悔或者发生新情况需要重新分配遗产时，通过特定的行为使遗嘱作废。二者的区别有以下几点：

（1）产生的原因不同。遗嘱无效的原因包括：遗嘱人为无民事行为能力人或者限制民事行为能力人；遗嘱人受胁迫、欺诈所立的遗嘱；伪造的遗嘱；遗嘱被篡改部分内容。而被撤回的遗嘱是有效的遗嘱，只是由于遗嘱人的主观意愿而被改变，遗嘱人对已经立的遗嘱不满意想要修改时，可以随时撤回遗嘱。

（2）发起人不同。遗嘱无效的，遗嘱人以及其他与遗产继承有利害关系的人均可以根据法律规定要求认定遗嘱无效，如法定继承人、遗嘱继承人、受遗赠人等。撤回遗嘱的权利只能由遗嘱人行使，其他任何人不得干涉。遗嘱人可以通过发布声明、订立新遗嘱等方式来使前一份遗嘱失效。

（3）法律后果不同。遗嘱无效的，自始不发生效力，也就是说这份遗嘱就从来没有效力。因遗嘱人受胁迫等而使遗嘱无效的，遗嘱人可以重新立遗嘱；在遗嘱人属于无民事行为能力人或者限制民事行为能力人的情况下，遗产只能按照法定继承的规定处理。而遗嘱被撤回的，被撤回之前是有效的，被撤回之后变为无效，是一个从有效到无效的过程。遗嘱被撤回后，遗嘱人既可以立新的遗嘱，也可以不立遗嘱而按照法定继承处理遗产。

75. 遗嘱继承人先于被继承人死亡的，遗嘱还有效吗？

被继承人在遗嘱中表示将遗产全部分配给某一继承人，在继承开始前该继承人去世的，遗嘱不发生效力。遗嘱中指定的继承人必须是在世的人，被指定的继承人死亡的，遗嘱失去了履行的对象，因此归于无效。

代位继承只发生在法定继承中，遗嘱继承人的直系晚辈血亲根据遗嘱主张代位继承的，将不会得到支持。遗嘱继承人先于被继承人死亡的，被继承人可以另立遗嘱将遗产赠与该继承人的直系晚辈血亲或者其他继承人；被继承人没有另立遗嘱的，遗产将按照法定继承处理，此时，该继承人的直系晚辈血亲就可以通过代位继承来继承本应由已故继承人继承的那部分遗产。

76. 继承人或者受遗赠人不履行相应义务的，还能继承遗产吗？

实践中，为使自己生前有人供养或者将来有人替自己完成遗愿，部分遗嘱人会在遗嘱、遗赠扶养协议中要求继承人或者受遗赠人履行一定的义务，以此作为他们取得遗产的条件。《民法典》第 1144 条规定，遗嘱继承或者遗赠附有义务的，继承人或者受遗赠人应当履行义务。没有正当理由不履行义务的，经利害关系人或者有关组织请求，人民法院可以取消其接受附义务部分遗产的权利。因此，对于遗嘱、遗赠中附加的义务，继承人或者受遗赠人应当无条件地履行。

权利和义务是对等的，继承人或者受遗赠人应当接受遗嘱的全部内容，不能只享受权利不去履行义务。但是，在继承人和受遗赠人有正当理由的情况下，可以不履行遗嘱附加的义务，如遗嘱中所附加的义务不合法、违背社会公德，或者附加的义务根本无法履行或不能履行等。另外，如果履行义务所需要的费用超过遗产的价值，那么继承人或受遗赠人便可以不履行。如果遗嘱继承或者遗赠所附的义务是合法的，遗嘱继承人、受遗赠人有条件履行而无正当理由不履行，经受益人或其他继承人请求，人民法院可以取消他接受附义务那部分遗产的权利，由提出请求的继承人或受益人按遗嘱人的意愿履行义务，接受遗产。

77. 遗嘱和遗赠扶养协议同时存在的，该如何处理？

继承关系属于民事法律关系，在我国，民事法律关系适用意思自治原则，即被继承人在法律规定的范围内可以自由行使权利。遗赠扶养协议和遗嘱是被继承人意愿的表达，是对自己的财产自由作出的处理，法律予以充分尊重，所以二者的效力优先于法定继承。只有在被继承人没有对自己的财产作出处理的情况下，为避免他的财产受损，才根据法律规定对其财产作出处理。

《民法典》出台之前，遗嘱和遗赠扶养协议的效力优先问题要视情况处理。《最高人民法院关于贯彻执行〈中华人民共和国继承法〉若干问题的意见》第 5 条规定，被继承人生前与他人订有遗赠扶养协议，同时又立有遗嘱的，继承开始后，如果遗赠扶养协议与遗嘱没有抵触，遗产分别按协议和遗嘱处理；如果有抵触，按协议处理，与协议抵触的遗嘱全部或部分无效。《民法典》出台之后，其对该问题作出了明确的回应，根据该法典第 1123 条的规定，遗赠扶养协议的效力优先于遗嘱继承。

78. 受遗赠人能根据遗嘱要回已经赠与他人的财产吗？

赠与合同是赠与人将自己的财产无偿给予受赠人，受赠人表示接受赠与的合同。而遗赠是在遗嘱人死后才开始发生，遗嘱人生前可以通过声明、另立遗嘱或者其他行为来撤回遗嘱。遗嘱人将财产赠与他人的，实际上就是通过赠与行为撤回了遗嘱，此时遗嘱关于该财产的处理便已失效。此外，财产一经交付受赠人，所有权即从遗嘱人转移给受赠人，此时该财产不再属于遗嘱人的个人财产，待遗嘱人死后，该财产便也不能成为遗产。因此，遗嘱人立遗嘱表示死后由受遗赠人继承某项遗产，之后又将该财产赠与他人的，受遗赠人无权要回该财产。

79. 农村居民能否把农村房屋遗赠给城市居民?

由于农村宅基地上房屋出售给集体经济组织以外的人被明确禁止并认定为无效，所以实践中存在以遗赠形式将宅基地上房屋权益转给集体经济组织以外的人的情况，实际上造成了宅基地上房屋的流转。虽然宅基地上房屋可以依法进行继承，但这只是对基于亲缘关系的宅基地上房屋流转的特殊认可，并不意味着没有亲属身份关系的人之间可以通过遗赠形式合法取得宅基地上房屋。如果允许不具有本村集体组织成员身份的人基于遗赠而获得房屋的所有权，会造成农村房地资源的流失，不会被法律所认可。因此，农村房屋不能通过遗赠的形式归城市居民所有。

80. 解除遗赠扶养协议的，扶养人能要回已支出的供养费用吗?

遗赠人与扶养人、集体组织订立遗赠扶养协议后反悔，或者扶养人、集体组织不履行扶养义务的，可以解除遗赠扶养协议。遗赠扶养协议解除后，扶养人、集体组织已经履行了一定的扶养义务并支出相应的供养费用的，扶养人、集体组织可以要回供养费用吗？对此，《最高人民法院关于贯彻执行〈中华人民共和国继承法〉若干问题的意见》第56条规定，扶养人或集体组织与公民订有遗赠扶养协议，扶养人或集体组织无正当理由不履行，致协议解除的，不能享有受遗赠的权利，其支付的供养费用一般不予补偿；遗赠人无正当理由不履行，致协议解除的，则应偿还扶养人或集体组织已支付的供养费用。

第四章　遗产的处理

81. 什么是遗产管理人？

遗产管理人是指继承开始后，遗产尚未分割之前暂时代为保护、管理遗产的人。被继承人死后，各继承人、受遗赠人并不是马上就能取得遗产，需要对遗产进行盘点、分割，确认继承人、受遗赠人有哪些，他们是否愿意继承、接受遗赠等。在这期间，就需要有一个专门的人来处理这些事项，这个人既是遗嘱执行人，又是遗产管理人。

遗产管理人制度是《民法典》新增的内容，关于遗产管理人的产生，《民法典》第 1145 条作出了规定："继承开始后，遗嘱执行人为遗产管理人；没有遗嘱执行人的，继承人应当及时推选遗产管理人；继承人未推选的，由继承人共同担任遗产管理人；没有继承人或者继承人均放弃继承的，由被继承人生前住所地的民政部门或者村民委员会担任遗产管理人。"遗嘱管理人一般由遗嘱人在遗嘱中指定，既可以是法定继承人，也可以是法定继承人以外的人。法定继承人以外的人被指定为遗嘱管理人的，可以自己决定是否担任，其拒绝担任的，按照没有遗嘱管理人的情况处理，由继承人推选遗产管理人。

遗产管理人并不是一经确定就不能改变，与遗产继承有利害关系的人对遗产管理人的确定有争议的，均可以向人民法院申请指定遗产管理人。

82. 遗产管理人应当履行哪些职责？

继承开始之后，遗产管理人需要按照遗嘱和法律规定的内容进行与遗产分配有关的一系列工作，具体来说有以下几项：

（1）清理遗产并制作遗产清单。有遗嘱的，遗产管理人需确定遗嘱中所列的遗产是否真实存在，是否遗漏，是否存在权属纠纷；没有遗嘱的，应当调查哪些财产属于遗产。

（2）向继承人报告遗产情况。遗产管理人清点完遗产后，应当召集各继承人，向他们说明遗产的种类、数量、价值、所在地点、目前状态如何等情况。

（3）采取必要措施防止遗产毁损、灭失。遗产管理人，顾名思义，其主要任务之一就是管理遗产。在继承开始至遗产分配到各继承人名下的期间，遗产管理人应当妥善保管遗产，防止遗产毁损或者灭失。

（4）处理被继承人的债权债务。被继承人生前享有的债权属于遗产的一部分，因此遗产管理人应当确定债务人是谁、督促债务人及时履行。债务人及时履行的，兑现债务的财产应当列为遗产；债务人不能及时履行债务或者债务尚未期满的，应当将被继承人的此项债权列为遗产内容，以便此项债权的继承人将来行使债权请求权。被继承人生前所负债务，应当优先从遗产中拿出相应份额来履行，剩下的遗产再按照遗嘱或者法定继承分配。

（5）按照遗嘱或者依照法律规定分割遗产。处理完上述事项后，就可以进行遗产分割。遗嘱管理人应当秉着公平公正的原则，严格按照遗嘱或者法律规定的份额来分割遗产，不得偏向任何人，私自多分或者少分。

（6）实施与管理遗产有关的其他必要行为。继承涉及的事项较为烦琐，现实中会出现很多新情况，法律不能一一列举，因此，凡是与管理遗产有关的必要事项，遗产管理人都应当积极主动地履行。

83. 遗产管理人造成遗产损失的，要承担责任吗？

《民法典》第 1148 条规定，遗产管理人应当依法履行职责，因故意或者重大过失造成继承人、受遗赠人、债权人损害的，应当承担民事责任。由此可见，遗产管理人造成财产损失的，并不是都要承担责任，只有因故意或者重大过失造成遗产损失，对继承人、受遗赠人、债权人的权利造成损害的，才承担相应的责任。因此，在遗产因自然灾害、不可抗力等因素受到损害的情况下，或者遗产管理人尽到妥善保管义务，遗产仍然被他人偷盗、毁损的情况下，遗产管理人不需要承担责任。

遗产管理人承担民事责任的方式主要有以下几种：（1）侵害遗产的行为正在进行的，应当停止侵害、排除妨碍、消除危险；

（2）遗产已经被毁坏，但能够进行修理或者恢复原状的，应当进行修理、恢复原状；（3）遗产管理人私自隐匿、侵占遗产的，应当返还遗产；（4）遗产已经被彻底毁损不能修复或者消失的，能够用其他种类物代替的，应当以同种类物替换，不能替换的，应当赔偿相应的损失。

84. 知道被继承人死亡的继承人有义务通知其他继承人吗?

继承于被继承人死亡时开始，但实践中，我国的“空巢”老人越来越多，继承开始后，有的继承人出于独自占有遗产的想法而不向其他继承人通知或者刻意隐瞒被继承人已经去世的事实。这种做法并不妥当，其他继承人知道后，仍然可以请求分割遗产。

通知义务是法律规定继承人应当履行的一项义务。《民法典》第1150条规定，继承开始后，知道被继承人死亡的继承人应当及时通知其他继承人和遗嘱执行人。继承开始后，继承人不一定都在继承地点，因此，在继承地点的继承人应当负责将被继承人死亡、继承开始的事实通知其他继承人和遗嘱执行人。其他继承人知道继承开始的事实后，才能作出是否接受继承的表示，遗产才能得到妥善处置。

继承人中无人知道被继承人死亡或者知道被继承人死亡而不能通知的，由被继承人生前所在单位或者住所地的居民委员会、村民委员会负责通知。无法通知的，分割财产时应当为未通知的继承人保留相应的份额。

85. 什么是转继承？

转继承是指继承开始后，继承人没有放弃继承，但于遗产分割前死亡，该继承人应当继承的遗产转给其继承人继承的制度。在转继承中发生了两次继承，第一次是继承人继承被继承人的遗产，虽然此时还未进行遗产分割，但继承已经开始，继承人理应取得相应份额的遗产，只是遗产还没有实际到达继承人手里。第二次继承发生在继承人与他的继承人之间，继承人继承遗产后死亡，此时又发生了一个新的继承，继承人已经继承的遗产转为自己的遗产，由他的继承人继承。但是遗嘱中另有安排的，不发生转继承。

例如，老张生前在遗嘱中写到，自己名下的一套三居室房屋将来由三个子女平均继承。继承开始后，三个子女商定由小儿子各向哥哥、姐姐支付三分之一的房款后实际取得该房屋。但是大儿子张三在还没有取得房款时因车祸去世，此时，由张三的继承人来继承张三应取得的三分之一房款以及其他遗产。在这个过程中，实际发生了两次继承，第一次是张三继承老张的遗产，第二次是张三的继承人继承张三的遗产。

86. 遗产与夫妻共同财产、家庭共有财产混同的，该怎样进行遗产分割？

被继承人只能将自己的个人财产作为遗产进行分配。但在现实生活中，个人财产往往与夫妻共同财产、家庭共有财产混同，有的甚至为不可分割物，由多人共同享有所有权，最为常见的是房屋等不动产。《民法典》第1153条规定，夫妻共同所有的财产，除有约定的外，遗产分割时，应当先将共同所有的财产的一半分出为配偶所有，其余的为被继承人的遗产。遗产在家庭共有财产之中的，遗产分割时，应当先分出他人的财产。

夫妻共同财产，是指夫妻在婚姻关系存续期间取得的财产，夫妻间约定属于个人所有的除外。根据我国法律规定，夫妻在婚姻关系存续期间所得的下列财产，为夫妻的共同财产，归夫妻共同所有：（1）工资、奖金、劳务报酬；（2）生产、经营、投资的收益；（3）知识产权的收益；（4）继承或者受赠的财产，但是遗嘱或者赠与合同中确定只归一方的财产除外；（5）其他应当归共同所有的财产。夫妻双方对共同财产不分份额地共同享有平等的所有权，当一方死亡时，只能将夫妻共同财产的一半作为死者的遗产，另一半属于尚未死亡的配偶一方所有。如果实际上已难以划清夫妻个人财产与夫妻共有财产界限的，应当按照夫妻共有财产来处理。

家庭共有财产，是指家庭成员在共同生活期间通过共同劳动取得，共同所有的财产。每个家庭成员对共有财产平等地享有所有权，对家庭共有财产的使用和处分，必须取得全体共有人的同意。只有在分家析产或继承遗产时家庭共有财产才能具体分割。因此，在继承开始时，死者遗产涉及家庭共有财产的，应先分出属于他人的那部分，其余的部分属于继承人继承的遗产范围。

87. 有遗嘱的情况下，遗产还能按照法定继承处理吗?

一般来说，在有遗嘱的情况下，遗产应当按照遗嘱内容进行处理，各继承人、受遗赠人按照遗嘱写明的条件、份额、时间取得遗产。但是，根据《民法典》第 1154 条的规定，有下列情形之一的，遗产中的有关部分按照法定继承办理：

（1）遗嘱继承人放弃继承或者受遗赠人放弃受遗赠。继承开始后，继承人未明确表示放弃继承的，视为接受继承，而受遗赠人则相反，需要在 60 日内明确表示接受遗赠，没有表示的视为放弃受遗赠。对于被放弃继承或者受遗赠的遗产，由于遗嘱人已经死亡，不能再对其作出处理，因此只能视为没有遗嘱，按照法定继承处理这部分遗产。

（2）遗嘱继承人丧失继承权或者受遗赠人丧失受遗赠权。《民法典》第 1125 条规定了丧失继承权和受遗赠权的情形，此时，这部分遗产相当于无人继承，应当按照法定继承的规定，由其他享有继承权的继承人继承。

（3）遗嘱继承人、受遗赠人先于遗嘱人死亡或者终止。在法定继承中，继承人先于被继承人死亡的，由继承人的直系晚辈血亲代位继承；继承开始后继承人死亡的，遗产转由继承人的配偶、子女等法定继承人继承。但是在遗嘱继承中不发生代位继承，遗嘱继承人、受遗赠人先于遗嘱人死亡的，相应部分的遗产应当由遗嘱人的其他法定继承人继承。

（4）遗嘱无效部分所涉及的遗产。遗嘱在以下情形下无效：

遗嘱人在立遗嘱时不具有完全民事行为能力；被胁迫、欺骗而立下的遗嘱；伪造、篡改的遗嘱；遗嘱内容违反法律和社会公共利益。遗嘱全部无效的，自始不发生效力，相当于没有立遗嘱，所有遗产均按照法定继承处理；遗嘱部分无效的，无效部分涉及的遗产按照法定继承处理，其他遗嘱内容有效，继续按照遗嘱执行。

（5）遗嘱未处分的遗产。遗嘱人在立遗嘱时有可能会将一些遗产遗漏，对于这部分遗产，遗嘱人没有作出处分，只能按照法定继承处理。

88. 未出生的胎儿能够分得遗产吗?

《民法典》第 1155 条规定，遗产分割时，应当保留胎儿的继承份额。胎儿娩出时是死体的，保留的份额按照法定继承办理。本条中所说的“胎儿”，是指被继承人死亡时其配偶正在孕育，尚未出生的子女。为保护胎儿的合法权益，无论是法定继承还是遗嘱继承，在遗产分配时都应该为胎儿保留应继承的份额。如果其他继承人明知被继承人有尚未出生的胎儿，但在分割遗产时没有为胎儿保留继承份额，那么应从继承人所继承的遗产中扣回相应份额。保留的遗产份额一般应当与被继承人已经出生的子女所继承的份额相当。

胎儿出生后，应当根据其生命体征来确定他是否能够取得保留的遗产：（1）胎儿出生时为活体的，继承开始，该份遗产由胎儿所有；（2）胎儿出生时为死体的，不发生继承，该份遗产由被继承人的其他法定继承人继承;（3）胎儿出生时为活体，但不久后死亡的，为其保留的遗产份额则成为其遗产，由他的法定继承人依法继承。

89. 不宜分割的遗产应怎样处理?

在遗产继承中，不宜分割的遗产不仅是指在物理属性上绝对不能分割的遗产，还包括分割后将不能实现其效用，使其丧失使用价值的遗产。《民法典》第1156条规定，遗产分割应当有利于生产和生活需要，不损害遗产的效用。不宜分割的遗产，可以采取折价、适当补偿或者共有等方法处理。同时，《最高人民法院关于贯彻执行〈中华人民共和国继承法〉若干问题的意见》第58条规定，人民法院在分割遗产中的房屋、生产资料和特定职业所需要的财产时，应依据有利于发挥其使用效益和继承人的实际需要，兼顾各继承人的利益进行处理。

我国继承制度的目的，是保证被继承人生前个人所有的合法财产能依法或依公民生前所立的合法有效的遗嘱转移给他的继承人，从而继续发挥个人财产和家庭财产的积极作用。对不宜分割的遗产，可以采用折价、补偿和共有等方法处理。折价，是指将不宜分割的遗产实物变卖折为现款，由各继承人按应继份额的比例分配现款，如将房屋卖给继承人之外的人，之后由各继承人分配卖房款。补偿，是指将不宜分割的遗产由最需要该遗产的一名继承人继承，由此人按其他人应继份额的比例给予适当补偿，如由一名继承人享有房屋的所有权，按照市场价格或者约定的标准给予其他继承人相应的价款补偿。共有，是指遗产中有不宜分割物，各继承人均坚持继承的，则不分割遗产，由各继承人共同继承，按各自应继份额的比例对该物享有同比例的所有权。这种情况常见于农村几代同堂，各继承人继续住在老宅中，共同享有并使用房屋、农业机械等。

需要注意的是，如果遗嘱人在遗嘱中说明了合理的遗产分割方法，则应当尊重遗嘱人的意愿对遗产进行分割。遗嘱中没有说明的，继承人可根据遗产的性质，协商决定采用何种分割方法。协商不成的，可由人民调解委员会调解，或向人民法院起诉，由人民法院依照遗产性质和法律规定作出判决。

90. 夫妻一方死亡，另一方再婚时需要返还已继承的遗产吗?

《民法典》第 1157 条规定，夫妻一方死亡后另一方再婚的，有权处分所继承的财产，任何组织或者个人不得干涉。夫妻间有相互继承遗产的权利。当夫妻一方死亡后，生存的一方享有配偶继承权，可依照法律的规定或按照被继承人所立的合法有效遗嘱的指定继承其应得的那份遗产，并在遗产分割完毕后享有对这份遗产的所有权。生存配偶可以按照自己的意志，在法律允许的范围内占有、使用、收益和处分这部分遗产。因此，夫妻一方死亡后另一方再婚的，当然有权处分其所继承的遗产，任何组织或者个人不得干涉。带产再婚是受到法律保护的，人民法院可以应申请人的请求强制排除他人的非法干涉。实践中，如果生存配偶没有携带其未成年子女再婚的，则应将所继承的一部分或全部财产留下作为抚养子女的生活费、教育费；如果死亡一方生前负有债务，生存配偶则应先清偿被继承人的债务，然后再处理其带产再婚的问题。

91. 被继承人可以与工作单位签订遗赠扶养协议吗？

现实生活中，有一些老人没有子女或者子女不孝，但老人又不愿意去养老院，养老问题无法得到解决，导致老人的晚年生活过得很凄惨。针对这个问题，老人可以通过与继承人之外的人或者组织签订遗赠扶养协议来使自己生有所养、死有所葬。《民法典》第 1158 条规定，自然人可以与继承人以外的组织或者个人签订遗赠扶养协议。按照协议，该组织或者个人承担该自然人生养死葬的义务，享有受遗赠的权利。根据该条的规定，可以与被继承人签订遗赠扶养协议的主体是继承人以外的个人和组织，不包括法定继承人。与法定继承人约定继承条件的，属于附条件的继承，而且法定继承人本身就有扶养被继承人的义务，被继承人可以继承人尽到扶养义务作为其取得遗产的条件，但是继承人不能以放弃遗产作为不尽扶养义务的条件；而遗赠扶养协议是附条件的遗赠，遗赠扶养人本身对被继承人没有扶养义务，即使其签订协议后不履行义务，也仅产生不能取得遗产的后果，法律不能强制其履行扶养义务。

遗赠扶养人应当具有完全民事行为能力和照顾他人的能力，负责被继承人的生养死葬事宜。关于遗赠扶养人履行扶养义务的方式，法律并没有明确规定，但实践中一般认为主要是对被继承人日常生活的照顾和精神照料，不包括提供金钱等财物，也不要求双方必须居住在一起，但是双方居住距离应当较近，方便遗赠扶养人对被继承人进行照顾。

应当注意的是，只有当遗赠扶养人尽到扶养义务时才能取得遗产。实践中，有的老人在签订遗赠扶养协议之后就立即将财产转移到遗赠扶养人名下，这种做法是有一定风险的，扶养人可能拿到财产后就不履行扶养义务，虽然被继承人可以通过法律途径寻求救济，但是这往往耗时较长，不利于被继承人处分和使用自己的财产。如果遗赠扶养人需要一定的金钱来购买被继承人的日常生活用品，被继承人可以先拿出一部分钱财给扶养人，但是不宜一次性把所有财产都转移到扶养人名下，尤其是房屋等不动产，一旦转移将很难要回。

92. 被继承人生前欠下的债务应该由谁来偿还？

债务人尚未还清债务就去世，债权人如何维护自己的权益？俗话说“父债子还”，那么债权人可以向债务人的子女或者其他亲属索要吗？我国对债权债务实行的是对等原则，除了无民事行为能力人和限制民事行为能力人的债务由其法定代理人代为履行之外，其他自然人、组织的债务由债务人自己履行。那么，这是不是意味着债务人死后就“人死债了”，一笔勾销，债权人无法得到清偿？答案是否定的。为保护债权人的合法权益，《民法典》第1159条规定，分割遗产前，应当清偿被继承人依法应当缴纳的税款和债务。由此可见，债务人生前欠下的债务应当用其遗产来清偿。

在分割遗产之前，遗产管理人应当清点被继承人的遗产，查清被继承人的债权债务情况，先以遗产清偿完毕债务之后再进行分割。遗产全部用于清偿债务的，各继承人不再继承。遗产不足以清偿的，各继承人也没有义务偿还，债权人只能自认倒霉。因此，债权人在债务人生前应当积极履行追偿权或者要求债务人提供担保，否则万一日后债务人因意外死亡的，债权人的债权有可能得不到实现。此处所说的债务应当是合法债务，如因借款、买卖行为等产生的合同之债，因侵害他人身体健康产生的侵权之债，因不当得利，无因管理产生的债务等，不包括赌资、毒资等非法债务。

应当注意的是，无论遗产数额多少，在清偿前应当为缺乏劳动能力又没有生活来源的继承人保留必要的遗产，剩余的遗产才能用来清偿债务。

93. 无人继承的遗产如何处理？

被继承人既没有法定继承人，又没有通过遗嘱将遗产赠与他人，或者继承人丧失继承权、放弃继承的，被继承人的遗产就无人继承，此时，应该如何处理无人继承的遗产？对此，《民法典》

第 1160 条规定，无人继承又无人受遗赠的遗产，归国家所有，用于公益事业；死者生前是集体所有制组织成员的，归所在集体所有制组织所有。日常生活中最常见的集体所有制组织是农村集体经济组织，因此，村民死后遗产无人继承的，遗产应当归村集体所有，由村委会代为管理和处分该部分遗产。

但是，国家和集体所有制组织处分无人继承的遗产之前，应当从遗产中优先支付下列费用，剩余的才收归国家或者集体所有：（1）支付死者的丧葬费用。（2）清偿死者生前依法应当缴纳的税款和债务。（3）根据最高人民法院司法解释的有关规定，遗产因无人继承收归国家或集体组织所有时，按《继承法》第 14 条（现《民法典》第 1131 条）规定可以分给遗产的人提出取得遗产的要求，人民法院应视情况适当分给遗产。也就是说，在处理无人继承的遗产时，如果遇有继承人以外的依靠被继承人扶养的缺乏劳动能力又没有生活来源的人，或者继承人以外的对被继承人扶养较多的人的情况，应当酌情分给其适当份额的遗产。

94. 遗产不足以清偿全部债务的，如何确定清偿顺序？

被继承人生前欠下的债务应当以其遗产来清偿，如果只存在一笔债务，自然没有争议，用全部遗产偿还这笔债务即可，但如果存在多笔债务，而遗产又不足以偿还全部债务的，应该优先清偿哪一笔债务？

遗产应当优先清偿设有抵押权、质权、留置权等情形的债权。

根据我国法律规定，享有抵押权等担保物权的人为优先权人。优先权人的此种优先债权的效力不应当受遗产继承的任何影响，它应当比普通债权优先得到清偿。但是，享有这种特别担保的优先权人也不是对遗产全部均享有优先清偿的权利，如果供担保之物或者权利不足以清偿债务时，则不足的部分仍然应当与普通债权处于同一清偿顺序。

上述优先债权清偿完毕以后，再清偿普通债权。普通债权是指合同之债，或者基于无因管理、不当得利等产生的债务。对于普通债权的清偿应以继承人已经知道的（包括债权人已经说明的）为限。继承人无从知道的债权当然也就无法清偿。对于尚未到清偿期的债务，也应当在遗产债务清偿时一并清偿，以避免延缓整个遗产债务清偿的进行。对于那些附有条件而条件尚未成就的债权的清偿问题，情况较为复杂，不可一概而论，应由继承人和债权人互相协商，或请求人民法院根据具体情况酌情估价处理或请鉴定人评定数额。

如果有多笔处于同一清偿顺序的债务，则应当根据公平原则，对各项债务按其数额的比例计算，分别予以偿还。

95. 法定继承人、遗嘱继承人、受遗赠人同时存在的，由谁来清偿被继承人的债务？

被继承人死亡后，应由遗产管理人盘点被继承人的遗产，用遗产清偿完被继承人生前所欠债务之后剩余的遗产再进行分割。

那么，同时存在法定继承人、遗嘱继承人和受遗赠人的，应该用谁分得的遗产来清偿债务？针对这种情况，《民法典》第 1163 条规定，既有法定继承又有遗嘱继承、遗赠的，由法定继承人清偿被继承人依法应当缴纳的税款和债务；超过法定继承遗产实际价值部分，由遗嘱继承人和受遗赠人按比例以所得遗产清偿。由此看来，各继承人和受遗赠人之间并不是按比例分担被继承人的债务，而是根据继承的性质来分担。因为遗嘱继承人和受遗赠人是根据遗嘱取得遗产，法律应当最大程度尊重被继承人的自由意思表示，所以他们应当优先保有遗产，由法定继承涉及的部分来清偿债务。

当然，法定继承人仍然是以继承的遗产份额为限偿还债务，继承人放弃继承的，对被继承人依法应当缴纳的税款和债务可以不负清偿责任。

96. 取得遗产后需要办理转移登记手续吗？

生活中，我们常见的遗产根据性质可以分为动产和不动产两大类。对于生活物资、金钱等动产，进行遗产分割后，遗产的所有权即转移到被继承人名下，无须办理转移登记手续，继承人可以立即支配、处分这些财产。而对于房屋等不动产，继承人自遗产分割时起就享有房屋的所有权，或者发生继承纠纷的，从法院的判决书生效之日起继承人就享有房屋的所有权。但是，为了预防第三人对房屋主张权利，或者方便日后进行房屋交易，继承人在继承房屋之后最好去房管部门办理房屋过户登记手续。

97. 继承人如何申请办理继承公证?

继承人继承遗产之后，为避免权利纠纷，可以向公证机构申请办理继承公证。继承人可以就继承被继承人某项遗产或者数项遗产向公证机构申请办理继承公证。两个以上当事人继承同一遗产的，应当共同向一个公证机构提出公证申请。

根据《办理继承公证的指导意见》第3条的规定，当事人申请办理继承公证，应当提交下列材料:（1）当事人的身份证件;（2）被继承人的死亡证明;（3）全部法定继承人的基本情况及与被继承人的亲属关系证明;（4）其他继承人已经死亡的，应当提交其死亡证明和其全部法定继承人的亲属关系证明;（5）继承记名财产的，应当提交财产权属（权利）凭证原件;（6）被继承人生前有遗嘱或者遗赠扶养协议的，应当提交其全部遗嘱或者遗赠扶养协议原件;（7）被继承人生前与配偶有夫妻财产约定的，应当提交书面约定协议;（8）继承人中有放弃继承的，应当提交其作出放弃继承表示的声明书;（9）委托他人代理申办公证的，应当提交经公证的委托书;（10）监护人代理申办公证的，应当提交监护资格证明。

“死亡证明”，是指医疗机构出具的死亡证明，公安机关出具的死亡证明或者注明了死亡日期的注销户口证明，人民法院宣告死亡的判决书，死亡公证书。

“亲属关系证明”，是指被继承人或者继承人档案所在单位的人事部门出具的证明继承人与被继承人之间具有亲属关系的证明，基层人民政府出具的证明继承人与被继承人之间具有亲属关系的证明，公安机关出具的证明继承人与被继承人之间具有亲属关系的证明，能够证明相关亲属关系的婚姻登记证明、收养登记证明、出生医学证明和公证书。

98. 在哪些情形下，公证机构可不予办理遗嘱继承公证？

根据《办理继承公证的指导意见》第15条的规定，除《公证法》和《公证程序规则》规定的不予办理公证的情形外，有下列情形之一的，公证机构不予办理遗嘱继承公证：（1）根据法律规定遗嘱继承人丧失继承权的；（2）遗嘱经审查无效或者效力无法确认的；（3）遗嘱处分的财产不属于被继承人个人所有或者被继承人生前已经处分了遗嘱所涉及的财产的；（4）继承同一遗产，遗嘱继承人中有人未提出公证申请且又未作出放弃继承表示的；（5）利害关系人与遗嘱继承人就遗嘱内容是否符合《继承法》第19条（现《民法典》第1141条）的规定有争议的；（6）利害关系人有充分证据证明遗嘱继承人没有履行遗嘱所附义务的。

99. 在哪些情形下，公证机构可不予办理法定继承公证？

根据《办理继承公证的指导意见》第16条的规定，除《公证法》和《公证程序规则》规定的不予办理公证的情形外，有下列情形之一的，公证机构不予办理法定继承公证：（1）根据法律规定法定继承人丧失继承权的；（2）被继承人生前所立遗嘱或者签订的遗赠扶养协议已经处分了法定继承人申请继承的遗产的;（3）法定继承人中有人未提出公证申请且又未作出放弃继承表示的;（4）法定继承人不能协助公证机构完成核实或者有关单位及个人拒绝协助公证机构进行核实的;（5）法定继承人之间对法定继承人的范围、遗产的权属或者是否有适用《继承法》第 12 条、第 14 条（现《民法典》第 1129 条、第 1131 条）规定的人有争议的。

100. “五保户”的遗产怎么处理?

“五保户”是农村五保供养户的简称。农村五保供养，是指依照《农村五保供养工作条例》的规定，在吃、穿、住、医、葬方面给予村民的生活照顾和物质帮助。享受农村五保供养待遇的人员范围是老年、残疾或者未满 16 周岁的村民，无劳动能力、无生活来源又无法定赡养、抚养、扶养义务人，或者其法定赡养、抚养、扶养义务人无赡养、抚养、扶养能力的村民。

根据《最高人民法院关于贯彻执行〈中华人民共和国继承法〉若干问题的意见》第 55 条的规定，集体组织对“五保户”实行“五保”时，双方有扶养协议的，按协议处理；没有扶养协议，死者有遗嘱继承人或法定继承人要求继承的，按遗嘱继承或法定继承处理，但集体组织有权要求扣回“五保”费用。

附录

中华人民共和国民法典（节录）

（2020 年 5 月 28 日第十三届全国人民代表大会第三次会议通过）

……

第五编　婚姻家庭

第一章　一般规定

第一千零四十条　【婚姻家庭编的调整范围】[①]本编调整因婚姻家庭产生的民事关系。

第一千零四十一条　【婚姻家庭关系基本原则】婚姻家庭受国家保护。

实行婚姻自由、一夫一妻、男女平等的婚姻制度。

保护妇女、未成年人、老年人、残疾人的合法权益。

第一千零四十二条　【禁止的婚姻家庭行为】禁止包办、买卖婚姻和其他干涉婚姻自由的行为。禁止借婚姻索取财物。

禁止重婚。禁止有配偶者与他人同居。

禁止家庭暴力。禁止家庭成员间的虐待和遗弃。

第一千零四十三条　【婚姻家庭道德规范】家庭应当树立优良

① 条文主旨为编者所加，下同。

家风，弘扬家庭美德，重视家庭文明建设。

夫妻应当互相忠实，互相尊重，互相关爱；家庭成员应当敬老爱幼，互相帮助，维护平等、和睦、文明的婚姻家庭关系。

第一千零四十四条 【收养的原则】收养应当遵循最有利于被收养人的原则，保障被收养人和收养人的合法权益。

禁止借收养名义买卖未成年人。

第一千零四十五条 【亲属、近亲属与家庭成员】亲属包括配偶、血亲和姻亲。

配偶、父母、子女、兄弟姐妹、祖父母、外祖父母、孙子女、外孙子女为近亲属。

配偶、父母、子女和其他共同生活的近亲属为家庭成员。

第二章 结 婚

第一千零四十六条 【结婚自愿】结婚应当男女双方完全自愿，禁止任何一方对另一方加以强迫，禁止任何组织或者个人加以干涉。

第一千零四十七条 【法定婚龄】结婚年龄，男不得早于二十二周岁，女不得早于二十周岁。

第一千零四十八条 【禁止结婚的情形】直系血亲或者三代以内的旁系血亲禁止结婚。

第一千零四十九条 【结婚程序】要求结婚的男女双方应当亲自到婚姻登记机关申请结婚登记。符合本法规定的，予以登记，发给结婚证。完成结婚登记，即确立婚姻关系。未办理结婚登记的，应当补办登记。

第一千零五十条 【男女双方互为家庭成员】登记结婚后，按照男女双方约定，女方可以成为男方家庭的成员，男方可以成为女方家庭的成员。

第一千零五十一条 【婚姻无效的情形】有下列情形之一的，婚姻无效：

（一）重婚；

（二）有禁止结婚的亲属关系；

（三）未到法定婚龄。

第一千零五十二条 【受胁迫婚姻的撤销】因胁迫结婚的，受胁迫的一方可以向人民法院请求撤销婚姻。

请求撤销婚姻的，应当自胁迫行为终止之日起一年内提出。

被非法限制人身自由的当事人请求撤销婚姻的，应当自恢复人身自由之日起一年内提出。

第一千零五十三条 【隐瞒重大疾病的可撤销婚姻】一方患有重大疾病的，应当在结婚登记前如实告知另一方；不如实告知的，另一方可以向人民法院请求撤销婚姻。

请求撤销婚姻的，应当自知道或者应当知道撤销事由之日起一年内提出。

第一千零五十四条 【婚姻无效或被撤销的法律后果】无效的或者被撤销的婚姻自始没有法律约束力，当事人不具有夫妻的权利和义务。同居期间所得的财产，由当事人协议处理；协议不成的，由人民法院根据照顾无过错方的原则判决。对重婚导致的无效婚姻的财产处理，不得侵害合法婚姻当事人的财产权益。当事人所生的子女，适用本法关于父母子女的规定。

婚姻无效或者被撤销的，无过错方有权请求损害赔偿。

第三章　家庭关系

第一节　夫妻关系

第一千零五十五条　【夫妻平等】夫妻在婚姻家庭中地位平等。

第一千零五十六条　【夫妻姓名权】夫妻双方都有各自使用自己姓名的权利。

第一千零五十七条　【夫妻人身自由权】夫妻双方都有参加生产、工作、学习和社会活动的自由，一方不得对另一方加以限制或者干涉。

第一千零五十八条　【夫妻抚养、教育和保护子女的权利义务平等】夫妻双方平等享有对未成年子女抚养、教育和保护的权利，共同承担对未成年子女抚养、教育和保护的义务。

第一千零五十九条　【夫妻扶养义务】夫妻有相互扶养的义务。

需要扶养的一方，在另一方不履行扶养义务时，有要求其给付扶养费的权利。

第一千零六十条　【夫妻日常家事代理权】夫妻一方因家庭日常生活需要而实施的民事法律行为，对夫妻双方发生效力，但是夫妻一方与相对人另有约定的除外。

夫妻之间对一方可以实施的民事法律行为范围的限制，不得对抗善意相对人。

第一千零六十一条 【夫妻遗产继承权】夫妻有相互继承遗产的权利。

第一千零六十二条 【夫妻共同财产】夫妻在婚姻关系存续期间所得的下列财产，为夫妻的共同财产，归夫妻共同所有：

（一）工资、奖金、劳务报酬；

（二）生产、经营、投资的收益；

（三）知识产权的收益；

（四）继承或者受赠的财产，但是本法第一千零六十三条第三项规定的除外；

（五）其他应当归共同所有的财产。

夫妻对共同财产，有平等的处理权。

第一千零六十三条 【夫妻个人财产】下列财产为夫妻一方的个人财产：

（一）一方的婚前财产；

（二）一方因受到人身损害获得的赔偿或者补偿；

（三）遗嘱或者赠与合同中确定只归一方的财产；

（四）一方专用的生活用品；

（五）其他应当归一方的财产。

第一千零六十四条 【夫妻共同债务】夫妻双方共同签名或者夫妻一方事后追认等共同意思表示所负的债务，以及夫妻一方在婚姻关系存续期间以个人名义为家庭日常生活需要所负的债务，属于夫妻共同债务。

夫妻一方在婚姻关系存续期间以个人名义超出家庭日常生活需要所负的债务，不属于夫妻共同债务；但是，债权人能够证明该债务用于夫妻共同生活、共同生产经营或者基于夫妻双方共同意思表示的除外。

第一千零六十五条 【夫妻约定财产制】男女双方可以约定婚姻关系存续期间所得的财产以及婚前财产归各自所有、共同所有或者部分各自所有、部分共同所有。约定应当采用书面形式。没有约定或者约定不明确的，适用本法第一千零六十二条、第一千零六十三条的规定。

夫妻对婚姻关系存续期间所得的财产以及婚前财产的约定，对双方具有法律约束力。

夫妻对婚姻关系存续期间所得的财产约定归各自所有，夫或者妻一方对外所负的债务，相对人知道该约定的，以夫或者妻一方的个人财产清偿。

第一千零六十六条 【婚内分割夫妻共同财产】婚姻关系存续期间，有下列情形之一的，夫妻一方可以向人民法院请求分割共同财产：

（一）一方有隐藏、转移、变卖、毁损、挥霍夫妻共同财产或者伪造夫妻共同债务等严重损害夫妻共同财产利益的行为；

（二）一方负有法定扶养义务的人患重大疾病需要医治，另一方不同意支付相关医疗费用。

第二节　父母子女关系和其他近亲属关系

第一千零六十七条　【父母与子女间的抚养赡养义务】父母不履行抚养义务的，未成年子女或者不能独立生活的成年子女，有要求父母给付抚养费的权利。

成年子女不履行赡养义务的，缺乏劳动能力或者生活困难的父母，有要求成年子女给付赡养费的权利。

第一千零六十八条　【父母教育、保护未成年子女的权利和义务】父母有教育、保护未成年子女的权利和义务。未成年子女造成他人损害的，父母应当依法承担民事责任。

第一千零六十九条　【子女尊重父母的婚姻权利及赡养义务】子女应当尊重父母的婚姻权利，不得干涉父母离婚、再婚以及婚后的生活。子女对父母的赡养义务，不因父母的婚姻关系变化而终止。

第一千零七十条　【遗产继承权】父母和子女有相互继承遗产的权利。

第一千零七十一条　【非婚生子女权利】非婚生子女享有与婚生子女同等的权利，任何组织或者个人不得加以危害和歧视。

不直接抚养非婚生子女的生父或者生母，应当负担未成年子女或者不能独立生活的成年子女的抚养费。

第一千零七十二条　【继父母子女之间权利义务】继父母与继子女间，不得虐待或者歧视。

继父或者继母和受其抚养教育的继子女间的权利义务关系，

适用本法关于父母子女关系的规定。

第一千零七十三条 【亲子关系异议之诉】对亲子关系有异议且有正当理由的，父或者母可以向人民法院提起诉讼，请求确认或者否认亲子关系。

对亲子关系有异议且有正当理由的，成年子女可以向人民法院提起诉讼，请求确认亲子关系。

第一千零七十四条 【祖孙之间的抚养、赡养义务】有负担能力的祖父母、外祖父母，对于父母已经死亡或者父母无力抚养的未成年孙子女、外孙子女，有抚养的义务。

有负担能力的孙子女、外孙子女，对于子女已经死亡或者子女无力赡养的祖父母、外祖父母，有赡养的义务。

第一千零七十五条 【兄弟姐妹间扶养义务】有负担能力的兄、姐，对于父母已经死亡或者父母无力抚养的未成年弟、妹，有扶养的义务。

由兄、姐扶养长大的有负担能力的弟、妹，对于缺乏劳动能力又缺乏生活来源的兄、姐，有扶养的义务。

第四章　离　　婚

第一千零七十六条 【协议离婚】夫妻双方自愿离婚的，应当签订书面离婚协议，并亲自到婚姻登记机关申请离婚登记。

离婚协议应当载明双方自愿离婚的意思表示和对子女抚养、财产以及债务处理等事项协商一致的意见。

第一千零七十七条 【离婚冷静期】自婚姻登记机关收到离婚

登记申请之日起三十日内，任何一方不愿意离婚的，可以向婚姻登记机关撤回离婚登记申请。

前款规定期限届满后三十日内，双方应当亲自到婚姻登记机关申请发给离婚证；未申请的，视为撤回离婚登记申请。

第一千零七十八条 【婚姻登记机关对协议离婚的查明】婚姻登记机关查明双方确实是自愿离婚，并已经对子女抚养、财产以及债务处理等事项协商一致的，予以登记，发给离婚证。

第一千零七十九条 【诉讼离婚】夫妻一方要求离婚的，可以由有关组织进行调解或者直接向人民法院提起离婚诉讼。

人民法院审理离婚案件，应当进行调解；如果感情确已破裂，调解无效的，应当准予离婚。

有下列情形之一，调解无效的，应当准予离婚：

（一）重婚或者与他人同居；

（二）实施家庭暴力或者虐待、遗弃家庭成员；

（三）有赌博、吸毒等恶习屡教不改；

（四）因感情不和分居满二年；

（五）其他导致夫妻感情破裂的情形。

一方被宣告失踪，另一方提起离婚诉讼的，应当准予离婚。

经人民法院判决不准离婚后，双方又分居满一年，一方再次提起离婚诉讼的，应当准予离婚。

第一千零八十条 【婚姻关系的解除时间】完成离婚登记，或者离婚判决书、调解书生效，即解除婚姻关系。

第一千零八十一条 【现役军人离婚】现役军人的配偶要求离

婚，应当征得军人同意，但是军人一方有重大过错的除外。

第一千零八十二条 【男方提出离婚的限制情形】女方在怀孕期间、分娩后一年内或者终止妊娠后六个月内，男方不得提出离婚；但是，女方提出离婚或者人民法院认为确有必要受理男方离婚请求的除外。

第一千零八十三条 【复婚】离婚后，男女双方自愿恢复婚姻关系的，应当到婚姻登记机关重新进行结婚登记。

第一千零八十四条 【离婚后子女的抚养】父母与子女间的关系，不因父母离婚而消除。离婚后，子女无论由父或者母直接抚养，仍是父母双方的子女。

离婚后，父母对于子女仍有抚养、教育、保护的权利和义务。

离婚后，不满两周岁的子女，以由母亲直接抚养为原则。已满两周岁的子女，父母双方对抚养问题协议不成的，由人民法院根据双方的具体情况，按照最有利于未成年子女的原则判决。子女已满八周岁的，应当尊重其真实意愿。

第一千零八十五条 【离婚后子女抚养费的负担】离婚后，子女由一方直接抚养的，另一方应当负担部分或者全部抚养费。负担费用的多少和期限的长短，由双方协议；协议不成的，由人民法院判决。

前款规定的协议或者判决，不妨碍子女在必要时向父母任何一方提出超过协议或者判决原定数额的合理要求。

第一千零八十六条 【探望子女权利】离婚后，不直接抚养子女的父或者母，有探望子女的权利，另一方有协助的义务。

行使探望权利的方式、时间由当事人协议；协议不成的，由人民法院判决。

父或者母探望子女，不利于子女身心健康的，由人民法院依法中止探望；中止的事由消失后，应当恢复探望。

第一千零八十七条 【离婚时夫妻共同财产的处理】离婚时，夫妻的共同财产由双方协议处理；协议不成的，由人民法院根据财产的具体情况，按照照顾子女、女方和无过错方权益的原则判决。

对夫或者妻在家庭土地承包经营中享有的权益等，应当依法予以保护。

第一千零八十八条 【离婚经济补偿】夫妻一方因抚育子女、照料老年人、协助另一方工作等负担较多义务的，离婚时有权向另一方请求补偿，另一方应当给予补偿。具体办法由双方协议；协议不成的，由人民法院判决。

第一千零八十九条 【离婚时夫妻共同债务的清偿】离婚时，夫妻共同债务应当共同偿还。共同财产不足清偿或者财产归各自所有的，由双方协议清偿；协议不成的，由人民法院判决。

第一千零九十条 【离婚经济帮助】离婚时，如果一方生活困难，有负担能力的另一方应当给予适当帮助。具体办法由双方协议；协议不成的，由人民法院判决。

第一千零九十一条 【离婚损害赔偿】有下列情形之一，导致离婚的，无过错方有权请求损害赔偿：

（一）重婚；

（二）与他人同居；

（三）实施家庭暴力；

（四）虐待、遗弃家庭成员；

（五）有其他重大过错。

第一千零九十二条 【一方侵害夫妻财产的处理规则】夫妻一方隐藏、转移、变卖、毁损、挥霍夫妻共同财产，或者伪造夫妻共同债务企图侵占另一方财产的，在离婚分割夫妻共同财产时，对该方可以少分或者不分。离婚后，另一方发现有上述行为的，可以向人民法院提起诉讼，请求再次分割夫妻共同财产。

第五章 收　　养

第一节 收养关系的成立

第一千零九十三条 【被收养人的条件】下列未成年人，可以被收养：

（一）丧失父母的孤儿；

（二）查找不到生父母的未成年人；

（三）生父母有特殊困难无力抚养的子女。

第一千零九十四条 【送养人的条件】下列个人、组织可以作送养人：

（一）孤儿的监护人；

（二）儿童福利机构；

（三）有特殊困难无力抚养子女的生父母。

第一千零九十五条 【监护人送养未成年人的情形】未成年人的父母均不具备完全民事行为能力且可能严重危害该未成年人的，

该未成年人的监护人可以将其送养。

第一千零九十六条 【监护人送养孤儿的限制及变更监护人】监护人送养孤儿的，应当征得有抚养义务的人同意。有抚养义务的人不同意送养、监护人不愿意继续履行监护职责的，应当依照本法第一编的规定另行确定监护人。

第一千零九十七条 【生父母送养子女的原则要求与例外】生父母送养子女，应当双方共同送养。生父母一方不明或者查找不到的，可以单方送养。

第一千零九十八条 【收养人条件】收养人应当同时具备下列条件：

（一）无子女或者只有一名子女；

（二）有抚养、教育和保护被收养人的能力；

（三）未患有在医学上认为不应当收养子女的疾病；

（四）无不利于被收养人健康成长的违法犯罪记录；

（五）年满三十周岁。

第一千零九十九条 【三代以内同辈旁系血亲的收养】收养三代以内旁系同辈血亲的子女，可以不受本法第一千零九十三条第三项、第一千零九十四条第三项和第一千一百零二条规定的限制。

华侨收养三代以内旁系同辈血亲的子女，还可以不受本法第一千零九十八条第一项规定的限制。

第一千一百条 【收养人收养子女数量】无子女的收养人可以收养两名子女；有子女的收养人只能收养一名子女。

收养孤儿、残疾未成年人或者儿童福利机构抚养的查找不到生父母的未成年人，可以不受前款和本法第一千零九十八条第一项规定的限制。

第一千一百零一条 【共同收养】有配偶者收养子女，应当夫妻共同收养。

第一千一百零二条 【无配偶者收养异性子女的限制】无配偶者收养异性子女的，收养人与被收养人的年龄应当相差四十周岁以上。

第一千一百零三条 【收养继子女的特别规定】继父或者继母经继子女的生父母同意，可以收养继子女，并可以不受本法第一千零九十三条第三项、第一千零九十四条第三项、第一千零九十八条和第一千一百条第一款规定的限制。

第一千一百零四条 【收养自愿原则】收养人收养与送养人送养，应当双方自愿。收养八周岁以上未成年人的，应当征得被收养人的同意。

第一千一百零五条 【收养登记、收养协议、收养公证及收养评估】收养应当向县级以上人民政府民政部门登记。收养关系自登记之日起成立。

收养查找不到生父母的未成年人的，办理登记的民政部门应当在登记前予以公告。

收养关系当事人愿意签订收养协议的，可以签订收养协议。

收养关系当事人各方或者一方要求办理收养公证的，应当办理收养公证。

县级以上人民政府民政部门应当依法进行收养评估。

第一千一百零六条 【收养后的户口登记】收养关系成立后，公安机关应当按照国家有关规定为被收养人办理户口登记。

第一千一百零七条 【亲属、朋友的抚养】孤儿或者生父母无力抚养的子女，可以由生父母的亲属、朋友抚养；抚养人与被抚养人的关系不适用本章规定。

第一千一百零八条 【祖父母、外祖父母优先抚养权】配偶一方死亡，另一方送养未成年子女的，死亡一方的父母有优先抚养的权利。

第一千一百零九条 【涉外收养】外国人依法可以在中华人民共和国收养子女。

外国人在中华人民共和国收养子女，应当经其所在国主管机关依照该国法律审查同意。收养人应当提供由其所在国有权机构出具的有关其年龄、婚姻、职业、财产、健康、有无受过刑事处罚等状况的证明材料，并与送养人签订书面协议，亲自向省、自治区、直辖市人民政府民政部门登记。

前款规定的证明材料应当经收养人所在国外交机关或者外交机关授权的机构认证，并经中华人民共和国驻该国使领馆认证，但是国家另有规定的除外。

第一千一百一十条 【保守收养秘密】收养人、送养人要求保守收养秘密的，其他人应当尊重其意愿，不得泄露。

第二节　收养的效力

第一千一百一十一条 【收养的效力】自收养关系成立之日

起，养父母与养子女间的权利义务关系，适用本法关于父母子女关系的规定；养子女与养父母的近亲属间的权利义务关系，适用本法关于子女与父母的近亲属关系的规定。

养子女与生父母以及其他近亲属间的权利义务关系，因收养关系的成立而消除。

第一千一百一十二条 【养子女的姓氏】养子女可以随养父或者养母的姓氏，经当事人协商一致，也可以保留原姓氏。

第一千一百一十三条 【收养行为的无效】有本法第一编关于民事法律行为无效规定情形或者违反本编规定的收养行为无效。

无效的收养行为自始没有法律约束力。

第三节 收养关系的解除

第一千一百一十四条 【收养关系的协议解除与诉讼解除】收养人在被收养人成年以前，不得解除收养关系，但是收养人、送养人双方协议解除的除外。养子女八周岁以上的，应当征得本人同意。

收养人不履行抚养义务，有虐待、遗弃等侵害未成年养子女合法权益行为的，送养人有权要求解除养父母与养子女间的收养关系。送养人、收养人不能达成解除收养关系协议的，可以向人民法院提起诉讼。

第一千一百一十五条 【养父母与成年养子女解除收养关系】养父母与成年养子女关系恶化、无法共同生活的，可以协议解除收养关系。不能达成协议的，可以向人民法院提起诉讼。

第一千一百一十六条 【解除收养关系的登记】当事人协议解除收养关系的，应当到民政部门办理解除收养关系登记。

第一千一百一十七条 【收养关系解除的法律后果】收养关系解除后，养子女与养父母以及其他近亲属间的权利义务关系即行消除，与生父母以及其他近亲属间的权利义务关系自行恢复。但是，成年养子女与生父母以及其他近亲属间的权利义务关系是否恢复，可以协商确定。

第一千一百一十八条 【收养关系解除后生活费、抚养费支付】收养关系解除后，经养父母抚养的成年养子女，对缺乏劳动能力又缺乏生活来源的养父母，应当给付生活费。因养子女成年后虐待、遗弃养父母而解除收养关系的，养父母可以要求养子女补偿收养期间支出的抚养费。

生父母要求解除收养关系的，养父母可以要求生父母适当补偿收养期间支出的抚养费；但是，因养父母虐待、遗弃养子女而解除收养关系的除外。

第六编 继　承

第一章 一般规定

第一千一百一十九条 【继承编的调整范围】本编调整因继承产生的民事关系。

第一千一百二十条 【继承权的保护】国家保护自然人的继承权。

第一千一百二十一条 【继承的开始时间和死亡时间的推定】继承从被继承人死亡时开始。

相互有继承关系的数人在同一事件中死亡，难以确定死亡时间的，推定没有其他继承人的人先死亡。都有其他继承人，辈份不同的，推定长辈先死亡；辈份相同的，推定同时死亡，相互不发生继承。

第一千一百二十二条 【遗产的范围】遗产是自然人死亡时遗留的个人合法财产。

依照法律规定或者根据其性质不得继承的遗产，不得继承。

第一千一百二十三条 【法定继承、遗嘱继承、遗赠和遗赠扶养协议的效力】继承开始后，按照法定继承办理；有遗嘱的，按照遗嘱继承或者遗赠办理；有遗赠扶养协议的，按照协议办理。

第一千一百二十四条 【继承和遗赠的接受和放弃】继承开始后，继承人放弃继承的，应当在遗产处理前，以书面形式作出放弃继承的表示；没有表示的，视为接受继承。

受遗赠人应当在知道受遗赠后六十日内，作出接受或者放弃受遗赠的表示；到期没有表示的，视为放弃受遗赠。

第一千一百二十五条 【继承权的丧失】继承人有下列行为之一的，丧失继承权：

（一）故意杀害被继承人；

（二）为争夺遗产而杀害其他继承人；

（三）遗弃被继承人，或者虐待被继承人情节严重；

（四）伪造、篡改、隐匿或者销毁遗嘱，情节严重；

（五）以欺诈、胁迫手段迫使或者妨碍被继承人设立、变更或者撤回遗嘱，情节严重。

继承人有前款第三项至第五项行为，确有悔改表现，被继承人表示宽恕或者事后在遗嘱中将其列为继承人的，该继承人不丧失继承权。

受遗赠人有本条第一款规定行为的，丧失受遗赠权。

第二章 法定继承

第一千一百二十六条 【继承权男女平等原则】继承权男女平等。

第一千一百二十七条 【继承人的范围及继承顺序】遗产按照下列顺序继承：

（一）第一顺序：配偶、子女、父母；

（二）第二顺序：兄弟姐妹、祖父母、外祖父母。

继承开始后，由第一顺序继承人继承，第二顺序继承人不继承；没有第一顺序继承人继承的，由第二顺序继承人继承。

本编所称子女，包括婚生子女、非婚生子女、养子女和有扶养关系的继子女。

本编所称父母，包括生父母、养父母和有扶养关系的继父母。

本编所称兄弟姐妹，包括同父母的兄弟姐妹、同父异母或者同母异父的兄弟姐妹、养兄弟姐妹、有扶养关系的继兄弟姐妹。

第一千一百二十八条 【代位继承】被继承人的子女先于被继承人死亡的，由被继承人的子女的直系晚辈血亲代位继承。

被继承人的兄弟姐妹先于被继承人死亡的，由被继承人的兄弟姐妹的子女代位继承。

代位继承人一般只能继承被代位继承人有权继承的遗产份额。

第一千一百二十九条 【丧偶儿媳、女婿的继承权】丧偶儿媳对公婆，丧偶女婿对岳父母，尽了主要赡养义务的，作为第一顺序继承人。

第一千一百三十条 【遗产分配规则】同一顺序继承人继承遗产的份额，一般应当均等。

对生活有特殊困难又缺乏劳动能力的继承人，分配遗产时，应当予以照顾。

对被继承人尽了主要扶养义务或者与被继承人共同生活的继承人，分配遗产时，可以多分。

有扶养能力和有扶养条件的继承人，不尽扶养义务的，分配遗产时，应当不分或者少分。

继承人协商同意的，也可以不均等。

第一千一百三十一条 【酌情分得遗产权】对继承人以外的依靠被继承人扶养的人，或者继承人以外的对被继承人扶养较多的人，可以分给适当的遗产。

第一千一百三十二条 【继承的处理方式】继承人应当本着互谅互让、和睦团结的精神，协商处理继承问题。遗产分割的时间、办法和份额，由继承人协商确定；协商不成的，可以由人民调解委员会调解或者向人民法院提起诉讼。

第三章 遗嘱继承和遗赠

第一千一百三十三条 【遗嘱处分个人财产】自然人可以依照本法规定立遗嘱处分个人财产，并可以指定遗嘱执行人。

自然人可以立遗嘱将个人财产指定由法定继承人中的一人或者数人继承。

自然人可以立遗嘱将个人财产赠与国家、集体或者法定继承人以外的组织、个人。

自然人可以依法设立遗嘱信托。

第一千一百三十四条 【自书遗嘱】自书遗嘱由遗嘱人亲笔书写，签名，注明年、月、日。

第一千一百三十五条 【代书遗嘱】代书遗嘱应当有两个以上见证人在场见证，由其中一人代书，并由遗嘱人、代书人和其他见证人签名，注明年、月、日。

第一千一百三十六条 【打印遗嘱】打印遗嘱应当有两个以上见证人在场见证。遗嘱人和见证人应当在遗嘱每一页签名，注明年、月、日。

第一千一百三十七条 【录音录像遗嘱】以录音录像形式立的遗嘱，应当有两个以上见证人在场见证。遗嘱人和见证人应当在录音录像中记录其姓名或者肖像，以及年、月、日。

第一千一百三十八条 【口头遗嘱】遗嘱人在危急情况下，可以立口头遗嘱。口头遗嘱应当有两个以上见证人在场见证。危急情况消除后，遗嘱人能够以书面或者录音录像形式立遗嘱的，所立的口头遗嘱无效。

第一千一百三十九条 【公证遗嘱】公证遗嘱由遗嘱人经公证机构办理。

第一千一百四十条 【作为遗嘱见证人的消极条件】下列人员不能作为遗嘱见证人：

（一）无民事行为能力人、限制民事行为能力人以及其他不具有见证能力的人；

（二）继承人、受遗赠人；

（三）与继承人、受遗赠人有利害关系的人。

第一千一百四十一条 【必留份】遗嘱应当为缺乏劳动能力又没有生活来源的继承人保留必要的遗产份额。

第一千一百四十二条 【遗嘱的撤回与变更】遗嘱人可以撤回、变更自己所立的遗嘱。

立遗嘱后，遗嘱人实施与遗嘱内容相反的民事法律行为的，视为对遗嘱相关内容的撤回。

立有数份遗嘱，内容相抵触的，以最后的遗嘱为准。

第一千一百四十三条 【遗嘱无效的情形】无民事行为能力人或者限制民事行为能力人所立的遗嘱无效。

遗嘱必须表示遗嘱人的真实意思，受欺诈、胁迫所立的遗嘱无效。

伪造的遗嘱无效。

遗嘱被篡改的，篡改的内容无效。

第一千一百四十四条 【附义务的遗嘱继承或遗赠】遗嘱继承

或者遗赠附有义务的，继承人或者受遗赠人应当履行义务。没有正当理由不履行义务的，经利害关系人或者有关组织请求，人民法院可以取消其接受附义务部分遗产的权利。

第四章　遗产的处理

第一千一百四十五条　【遗产管理人的选任】继承开始后，遗嘱执行人为遗产管理人；没有遗嘱执行人的，继承人应当及时推选遗产管理人；继承人未推选的，由继承人共同担任遗产管理人；没有继承人或者继承人均放弃继承的，由被继承人生前住所地的民政部门或者村民委员会担任遗产管理人。

第一千一百四十六条　【法院指定遗产管理人】对遗产管理人的确定有争议的，利害关系人可以向人民法院申请指定遗产管理人。

第一千一百四十七条　【遗产管理人的职责】遗产管理人应当履行下列职责：

（一）清理遗产并制作遗产清单；

（二）向继承人报告遗产情况；

（三）采取必要措施防止遗产毁损、灭失；

（四）处理被继承人的债权债务；

（五）按照遗嘱或者依照法律规定分割遗产；

（六）实施与管理遗产有关的其他必要行为。

第一千一百四十八条　【遗产管理人的责任】遗产管理人应当依法履行职责，因故意或者重大过失造成继承人、受遗赠人、债权人损害的，应当承担民事责任。

第一千一百四十九条　【遗产管理人的报酬】遗产管理人可以依照法律规定或者按照约定获得报酬。

第一千一百五十条　【继承开始的通知】继承开始后，知道被继承人死亡的继承人应当及时通知其他继承人和遗嘱执行人。继承人中无人知道被继承人死亡或者知道被继承人死亡而不能通知的，由被继承人生前所在单位或者住所地的居民委员会、村民委员会负责通知。

第一千一百五十一条　【遗产的保管】存有遗产的人，应当妥善保管遗产，任何组织或者个人不得侵吞或者争抢。

第一千一百五十二条　【转继承】继承开始后，继承人于遗产分割前死亡，并没有放弃继承的，该继承人应当继承的遗产转给其继承人，但是遗嘱另有安排的除外。

第一千一百五十三条　【遗产的确定】夫妻共同所有的财产，除有约定的外，遗产分割时，应当先将共同所有的财产的一半分出为配偶所有，其余的为被继承人的遗产。

遗产在家庭共有财产之中的，遗产分割时，应当先分出他人的财产。

第一千一百五十四条　【按法定继承办理】有下列情形之一的，遗产中的有关部分按照法定继承办理：

（一）遗嘱继承人放弃继承或者受遗赠人放弃受遗赠；

（二）遗嘱继承人丧失继承权或者受遗赠人丧失受遗赠权；

（三）遗嘱继承人、受遗赠人先于遗嘱人死亡或者终止；

（四）遗嘱无效部分所涉及的遗产；

（五）遗嘱未处分的遗产。

第一千一百五十五条　【胎儿预留份】遗产分割时，应当保留胎儿的继承份额。胎儿娩出时是死体的，保留的份额按照法定继承办理。

第一千一百五十六条　【遗产分割】遗产分割应当有利于生产和生活需要，不损害遗产的效用。

不宜分割的遗产，可以采取折价、适当补偿或者共有等方法处理。

第一千一百五十七条　【再婚时对所继承遗产的处分】夫妻一方死亡后另一方再婚的，有权处分所继承的财产，任何组织或者个人不得干涉。

第一千一百五十八条　【遗赠扶养协议】自然人可以与继承人以外的组织或者个人签订遗赠扶养协议。按照协议，该组织或者个人承担该自然人生养死葬的义务，享有受遗赠的权利。

第一千一百五十九条　【遗产分割时的义务】分割遗产，应当清偿被继承人依法应当缴纳的税款和债务；但是，应当为缺乏劳动能力又没有生活来源的继承人保留必要的遗产。

第一千一百六十条　【无人继承的遗产的处理】无人继承又无人受遗赠的遗产，归国家所有，用于公益事业；死者生前是集体所有制组织成员的，归所在集体所有制组织所有。

第一千一百六十一条　【限定继承】继承人以所得遗产实际价值为限清偿被继承人依法应当缴纳的税款和债务。超过遗产实际价值部分，继承人自愿偿还的不在此限。

继承人放弃继承的，对被继承人依法应当缴纳的税款和债务可以不负清偿责任。

第一千一百六十二条 【遗赠与遗产债务清偿】执行遗赠不得妨碍清偿遗赠人依法应当缴纳的税款和债务。

第一千一百六十三条 【既有法定继承又有遗嘱继承、遗赠时的债务清偿】既有法定继承又有遗嘱继承、遗赠的，由法定继承人清偿被继承人依法应当缴纳的税款和债务；超过法定继承遗产实际价值部分，由遗嘱继承人和受遗赠人按比例以所得遗产清偿。

……

附　　则

第一千二百五十九条 【与期间计算有关的术语】民法所称的“以上”、“以下”、“以内”、“届满”，包括本数；所称的“不满”、“超过”、“以外”，不包括本数。

第一千二百六十条 【施行日期】本法自 2021 年 1 月 1 日起施行。《中华人民共和国婚姻法》、《中华人民共和国继承法》、《中华人民共和国民法通则》、《中华人民共和国收养法》、《中华人民共和国担保法》、《中华人民共和国合同法》、《中华人民共和国物权法》、《中华人民共和国侵权责任法》、《中华人民共和国民法总则》同时废止。

民法典与相关规定对照表（节录）

（左栏删除线部分为删除的内容，右栏黑体部分为增加的内容，两栏下划线部分为修改的内容）

相关法律规定	民法典
	第五编　婚姻家庭
	第一章　一般规定
《婚姻法》① **第一条**　本法是婚姻家庭~~关系的基本准则~~。	**第一千零四十条**　本编**调整因**婚姻家庭**产生的民事关系**。
第二条　实行婚姻自由、一夫一妻、男女平等的婚姻制度。 保护妇女、儿童和老人的合法权益。 ~~实行计划生育。~~	**第一千零四十一条**　婚姻家庭受国家保护。 实行婚姻自由、一夫一妻、男女平等的婚姻制度。 保护妇女、未成年人、老年人、**残疾人**的合法权益。

① 对照表左侧列中，没有特别标注法名的，内容为《婚姻法》条文。

相关法律规定	民法典
第三条　禁止包办、买卖婚姻和其他干涉婚姻自由的行为。禁止借婚姻索取财物。 禁止重婚。禁止有配偶者与他人同居。禁止家庭暴力。禁止家庭成员间的虐待和遗弃。	**第一千零四十二条**　禁止包办、买卖婚姻和其他干涉婚姻自由的行为。禁止借婚姻索取财物。 禁止重婚。禁止有配偶者与他人同居。 禁止家庭暴力。禁止家庭成员间的虐待和遗弃。
第四条　夫妻应当互相忠实，互相尊重；家庭成员间应当敬老爱幼，互相帮助，维护平等、和睦、文明的婚姻家庭关系。	**第一千零四十三条　家庭应当树立优良家风，弘扬家庭美德，重视家庭文明建设。** 夫妻应当互相忠实，互相尊重，**互相关爱**；家庭成员应当敬老爱幼，互相帮助，维护平等、和睦、文明的婚姻家庭关系。
《收养法》 **第一条**　为保护合法的收养关系，维护收养关系当事人的权利，制定本法。	**第一千零四十四条　收养应当遵循最有利于被收养人的原则，保障被收养人和收养人的合法权益。** **禁止借收养名义买卖未成年人。**

相关法律规定	民法典
《民通意见》 12. 民法通则中规定的近亲属，包括配偶、父母、子女、兄弟姐妹、祖父母、外祖父母、孙子女、外孙子女。	**第一千零四十五条　亲属包括配偶、血亲和姻亲。** 配偶、父母、子女、兄弟姐妹、祖父母、外祖父母、孙子女、外孙子女为近亲属。 **配偶、父母、子女和其他共同生活的近亲属为家庭成员。**
	第二章　结婚
第五条　结婚必须男女双方完全自愿，不许任何一方对他方加以强迫或任何第三者加以干涉。	**第一千零四十六条**　结婚应当男女双方完全自愿，禁止任何一方对另一方加以强迫，**禁止任何**组织或者个人加以干涉。
第六条　结婚年龄，男不得早于二十二周岁，女不得早于二十周岁。晚婚晚育应予鼓励。	**第一千零四十七条**　结婚年龄，男不得早于二十二周岁，女不得早于二十周岁。
第七条　有下列情形之一的，禁止结婚： （一）直系血亲和三代以内的旁系血亲； （二）患有医学上认为不应当结婚的疾病。	**第一千零四十八条**　直系血亲或者三代以内的旁系血亲禁止结婚。

相关法律规定	民法典
第八条 要求结婚的男女双方必须亲自到婚姻登记机关进行结婚登记。符合本法规定的，予以登记，发给结婚证。取得结婚证，即确立夫妻关系。未办理结婚登记的，应当补办登记。	**第一千零四十九条** 要求结婚的男女双方应当亲自到婚姻登记机关申请结婚登记。符合本法规定的，予以登记，发给结婚证。完成结婚登记，即确立婚姻关系。未办理结婚登记的，应当补办登记。
第九条 登记结婚后，根据男女双方约定，女方可以成为男方家庭的成员，男方可以成为女方家庭的成员。	**第一千零五十条** 登记结婚后，按照男女双方约定，女方可以成为男方家庭的成员，男方可以成为女方家庭的成员。
第十条 有下列情形之一的，婚姻无效： （一）重婚的； （二）有禁止结婚的亲属关系的； ~~（三）婚前患有医学上认为不应当结婚的疾病，婚后尚未治愈的；~~ （四）未到法定婚龄的。	**第一千零五十一条** 有下列情形之一的，婚姻无效： （一）重婚； （二）有禁止结婚的亲属关系； （三）未到法定婚龄。

相关法律规定	民法典
第十一条 因胁迫结婚的，受胁迫的一方可以向婚姻登记机关或人民法院请求撤销该婚姻。受胁迫的一方撤销婚姻的请求，应当自结婚登记之日起一年内提出。被非法限制人身自由的当事人请求撤销婚姻的，应当自恢复人身自由之日起一年内提出。	**第一千零五十二条** 因胁迫结婚的，受胁迫的一方可以向人民法院请求撤销婚姻。 请求撤销婚姻的，应当自**胁迫行为终止**之日起一年内提出。 被非法限制人身自由的当事人请求撤销婚姻的，应当自恢复人身自由之日起一年内提出。
	第一千零五十三条 **一方患有重大疾病的，应当在结婚登记前如实告知另一方；不如实告知的，另一方可以向人民法院请求撤销婚姻。** **请求撤销婚姻的，应当自知道或者应当知道撤销事由之日起一年内提出。**
第十二条 无效或被撤销的婚姻，自始无效。当事人不具有夫妻的权利和义务。同居期间所得的财产，由当事人协	**第一千零五十四条** 无效的或者被撤销的婚姻自始没有法律约束力，当事人不具有夫妻的权利和义务。同居期间所

相关法律规定	民法典
议处理；协议不成时，由人民法院根据照顾无过错方的原则判决。对重婚导致的婚姻无效的财产处理，不得侵害合法婚姻当事人的财产权益。当事人所生的子女，适用本法有关父母子女的规定。	得的财产，由当事人协议处理；协议不成的，由人民法院根据照顾无过错方的原则判决。对重婚导致的无效婚姻的财产处理，不得侵害合法婚姻当事人的财产权益。当事人所生的子女，适用本法关于父母子女的规定。 **婚姻无效或者被撤销的，无过错方有权请求损害赔偿。**
	第三章　家庭关系
	第一节　夫妻关系
第十三条　夫妻在家庭中地位平等。	**第一千零五十五条**　夫妻在**婚姻**家庭中地位平等。
第十四条　夫妻双方都有各用自己姓名的权利。	**第一千零五十六条**　夫妻双方都有各自使用自己姓名的权利。
第十五条　夫妻双方都有参加生产、工作、学习和社会活动的自由，一方不得对他方加以限制或干涉。	**第一千零五十七条**　夫妻双方都有参加生产、工作、学习和社会活动的自由，一方不得对另一方加以限制或者干涉。

相关法律规定	民法典
第二十一条第一款 父母对子女~~有~~抚养教育的义务~~；子女对父母有赡养扶助的义务~~。	**第一千零五十八条** 夫妻双方**平等享有**对**未成年子女抚养、教育和保护的权利，共同承担**对**未成年**子女抚养、教育**和保护**的义务。
第二十条 夫妻有互相扶养的义务。 一方不履行扶养义务时，需要扶养的一方，有要求对方付给扶养费的权利。	**第一千零五十九条** 夫妻有相互扶养的义务。 需要扶养的一方，在另一方不履行扶养义务时，有要求其给付扶养费的权利。
《最高人民法院关于适用〈中华人民共和国婚姻法〉若干问题的解释（一）》 **第十七条** 婚姻法第十七条关于“夫妻对夫妻共同所有的财产，有平等的处理权”的规定，应当理解为： （一）夫或妻在处理夫妻共同财产上的权利是平等的。因日常生活需要而处理夫妻共同财产的，任何一方均有权决定。	**第一千零六十条 夫妻一方因家庭日常生活需要而实施的民事法律行为，对夫妻双方发生效力，但是夫妻一方与相对人另有约定的除外。** **夫妻之间对一方可以实施的民事法律行为范围的限制，不得对抗善意相对人。**

相关法律规定	民法典
（二）夫或妻非因日常生活需要对夫妻共同财产做重要处理决定，夫妻双方应当平等协商，取得一致意见。他人有理由相信其为夫妻双方共同意思表示的，另一方不得以不同意或不知道为由对抗善意第三人。	
第二十四条第一款 夫妻有相互继承遗产的权利。	**第一千零六十一条** 夫妻有相互继承遗产的权利。
第十七条 夫妻在婚姻关系存续期间所得的下列财产，归夫妻共同所有： （一）工资、奖金； （二）生产、经营的收益； （三）知识产权的收益； （四）继承或赠与所得的财产，但本法第十八条第三项规定的除外； （五）其他应当归共同所有的财产。 夫妻对共同~~所有的~~财产，有平等的处理权。	**第一千零六十二条** 夫妻在婚姻关系存续期间所得的下列财产，**为夫妻的共同财产**，归夫妻共同所有： （一）工资、奖金、**劳务报酬**； （二）生产、经营、**投资**的收益； （三）知识产权的收益； （四）继承或者受赠的财产，但是本法第一千零六十三条第三项规定的除外； （五）其他应当归共同所有的财产。

相关法律规定	民法典
	夫妻对共同财产，有平等的处理权。
第十八条 有下列情形之一的，为夫妻一方的财产： （一）一方的婚前财产； （二）一方因身体受到伤害获得的医疗费、残疾人生活补助费等费用； （三）遗嘱或赠与合同中确定只归夫或妻一方的财产； （四）一方专用的生活用品； （五）其他应当归一方的财产。	**第一千零六十三条** 下列**财产**为夫妻一方的**个人**财产： （一）一方的婚前财产； （二）一方因受到人身损害获得的赔偿或者补偿； （三）遗嘱或者赠与合同中确定只归一方的财产； （四）一方专用的生活用品； （五）其他应当归一方的财产。
《最高人民法院关于审理涉及夫妻债务纠纷案件适用法律有关问题的解释》 **第一条** 夫妻双方共同签字或者夫妻一方事后追认等共同意思表示所负的债务，应当认定为夫妻共同债务。	**第一千零六十四条** 夫妻双方共同签名或者夫妻一方事后追认等共同意思表示所负的债务，**以及**夫妻一方在婚姻关系存续期间以个人名义为家庭日常生活需要所负的债务，属于夫妻共同债务。

相关法律规定	民法典
第二条 夫妻一方在婚姻关系存续期间以个人名义为家庭日常生活需要所负的债务，债权人以属于夫妻共同债务为由主张权利的，人民法院应予支持。 **第三条** 夫妻一方在婚姻关系存续期间以个人名义超出家庭日常生活需要所负的债务，债权人以属于夫妻共同债务为由主张权利的，人民法院不予支持，但债权人能够证明该债务用于夫妻共同生活、共同生产经营或者基于夫妻双方共同意思表示的除外。	夫妻一方在婚姻关系存续期间以个人名义超出家庭日常生活需要所负的债务，不属于夫妻共同债务；但是，债权人能够证明该债务用于夫妻共同生活、共同生产经营或者基于夫妻双方共同意思表示的除外。
第十九条 夫妻可以约定婚姻关系存续期间所得的财产以及婚前财产归各自所有、共同所有或部分各自所有、部分共同所有。约定应当采用书面形式。没有约定或约定不明确	**第一千零六十五条** 男女双方可以约定婚姻关系存续期间所得的财产以及婚前财产归各自所有、共同所有或者部分各自所有、部分共同所有。约定应当采用书面形式。没有约

相关法律规定	民法典
的，适用本法第十七条、第十八条的规定。 夫妻对婚姻关系存续期间所得的财产以及婚前财产的约定，对双方具有约束力。 夫妻对婚姻关系存续期间所得的财产约定归各自所有的，夫或妻一方对外所负的债务，第三人知道该约定的，以夫或妻一方所有的财产清偿。	定或者约定不明确的，适用本法第一千零六十二条、第一千零六十三条的规定。 夫妻对婚姻关系存续期间所得的财产以及婚前财产的约定，对双方具有**法律**约束力。 夫妻对婚姻关系存续期间所得的财产约定归各自所有，夫或者妻一方对外所负的债务，相对人知道该约定的，以夫或者妻一方的个人财产清偿。
《最高人民法院关于适用〈中华人民共和国婚姻法〉若干问题的解释（三）》 **第四条** 婚姻关系存续期间，夫妻一方请求分割共同财产的，人民法院不予支持，但有下列重大理由且不损害债权人利益的除外：	**第一千零六十六条** 婚姻关系存续期间，有下列情形之一的，夫妻一方可以向人民法院请求分割共同财产： （一）一方有隐藏、转移、变卖、毁损、挥霍夫妻共同财产或者伪造夫妻共同债务等严重损害夫妻共同财产利益的行为；

相关法律规定	民法典
（一）一方有隐藏、转移、变卖、毁损、挥霍夫妻共同财产或者伪造夫妻共同债务等严重损害夫妻共同财产利益行为~~的~~； （二）一方负有法定扶养义务的人患重大疾病需要医治，另一方不同意支付相关医疗费用~~的~~。	（二）一方负有法定扶养义务的人患重大疾病需要医治，另一方不同意支付相关医疗费用。
	第二节　父母子女关系和其他近亲属关系
第二十一条　~~父母对子女有抚养教育的义务；子女对父母有赡养扶助的义务。~~ 父母不履行抚养义务时，未成年~~的~~或不能独立生活的子女，有要求父母付给抚养费的权利。 子女不履行赡养义务时，无劳动能力~~的~~或生活困难的父母，有要求子女付给赡养费的权利。 ~~禁止溺婴、弃婴和其他残害婴儿的行为。~~	**第一千零六十七条**　父母不履行抚养义务的，未成年**子女**或者不能独立生活的**成年**子女，有要求父母给付抚养费的权利。 **成年**子女不履行赡养义务的，缺乏劳动能力或者生活困难的父母，有要求**成年**子女给付赡养费的权利。

相关法律规定	民法典
第二十三条 父母有保护和教育未成年子女的权利和义务。~~在~~未成年子女对国家、集体或他人造成损害时，父母~~有~~承担民事责任~~的义务~~。	**第一千零六十八条** 父母有教育、保护未成年子女的权利和义务。未成年子女造成他人损害的，父母**应当依法**承担民事责任。
第三十条 子女应当尊重父母的婚姻权利，不得干涉父母再婚以及婚后的生活。子女对父母的赡养义务，不因父母的婚姻关系变化而终止。	**第一千零六十九条** 子女应当尊重父母的婚姻权利，不得干涉父母**离婚**、再婚以及婚后的生活。子女对父母的赡养义务，不因父母的婚姻关系变化而终止。
第二十四条第二款 父母和子女有相互继承遗产的权利。	**第一千零七十条** 父母和子女有相互继承遗产的权利。
第二十五条 非婚生子女享有与婚生子女同等的权利，任何人不得加以危害和歧视。 不直接抚养非婚生子女的生父或生母，应当负担子女的~~生活费和教育费，直至子女能独立生活为止~~。	**第一千零七十一条** 非婚生子女享有与婚生子女同等的权利，任何组织或者个人不得加以危害和歧视。 不直接抚养非婚生子女的生父或者生母，应当负担**未成年子女或者不能独立生活的成年子女**的**抚养费**。

相关法律规定	民法典
第二十七条 继父母与继子女间，不得虐待或歧视。 继父或继母和受其抚养教育的继子女间的权利和义务，适用本法对父母子女关系的有关规定。	**第一千零七十二条** 继父母与继子女间，不得虐待或者歧视。 继父或者继母和受其抚养教育的继子女间的权利义务关系，适用本法关于父母子女关系的规定。
	第一千零七十三条　对亲子关系有异议且有正当理由的，父或者母可以向人民法院提起诉讼，请求确认或者否认亲子关系。 **对亲子关系有异议且有正当理由的，成年子女可以向人民法院提起诉讼，请求确认亲子关系。**
第二十八条 有负担能力的祖父母、外祖父母，对于父母已经死亡或父母无力抚养的未成年的孙子女、外孙子女，有抚养的义务。有负担能力的	**第一千零七十四条** 有负担能力的祖父母、外祖父母，对于父母已经死亡或者父母无力抚养的未成年孙子女、外孙子女，有抚养的义务。

相关法律规定	民法典
孙子女、外孙子女，对于子女已经死亡或子女无力赡养的祖父母、外祖父母，有赡养的义务。	有负担能力的孙子女、外孙子女，对于子女已经死亡或者子女无力赡养的祖父母、外祖父母，有赡养的义务。
第二十九条 有负担能力的兄、姐，对于父母已经死亡或父母无力抚养的未成年的弟、妹，有扶养的义务。由兄、姐扶养长大的有负担能力的弟、妹，对于缺乏劳动能力又缺乏生活来源的兄、姐，有扶养的义务。	**第一千零七十五条** 有负担能力的兄、姐，对于父母已经死亡或者父母无力抚养的未成年弟、妹，有扶养的义务。 由兄、姐扶养长大的有负担能力的弟、妹，对于缺乏劳动能力又缺乏生活来源的兄、姐，有扶养的义务。
	第四章 离婚
第三十一条 男女双方自愿离婚的，~~准予离婚。双方必~~须到婚姻登记机关申请离婚。~~婚姻登记机关查明双方确实是自愿并对子女和财产问题已有适当处理时，发给离婚证。~~	**第一千零七十六条** 夫妻双方自愿离婚的，**应当签订书面离婚协议，并亲自**到婚姻登记机关申请离婚**登记**。 **离婚协议应当载明双方自愿离婚的意思表示和对子女抚养、财产以及债务处理等事项协商一致的意见。**

相关法律规定	民法典
	第一千零七十七条　自婚姻登记机关收到离婚登记申请之日起三十日内，任何一方不愿意离婚的，可以向婚姻登记机关撤回离婚登记申请。 前款规定期限届满后三十日内，双方应当亲自到婚姻登记机关申请发给离婚证；未申请的，视为撤回离婚登记申请。
第三十一条　~~男女双方自愿离婚的，准予离婚。双方必须到婚姻登记机关申请离婚。~~婚姻登记机关查明双方确实是自愿并对子女和财产~~问题已有适当处理时，~~发给离婚证。	第一千零七十八条　婚姻登记机关查明双方确实是自愿离婚，并已经对子女抚养、财产以及债务处理等事项协商一致的，予以登记，发给离婚证。
第三十二条　男女一方要求离婚的，可由有关部门进行调解或直接向人民法院提出离婚诉讼。 人民法院审理离婚案件，应当进行调解；如感情确已破裂，调解无效，应准予离婚。	第一千零七十九条　夫妻一方要求离婚的，可以由有关组织进行调解或者直接向人民法院提起离婚诉讼。 人民法院审理离婚案件，应当进行调解；如果感情确已破裂，调解无效的，应当准予离婚。

相关法律规定	民法典
有下列情形之一，调解无效的，应准予离婚： （一）重婚或~~有配偶者~~与他人同居~~的~~； （二）实施家庭暴力或虐待、遗弃家庭成员~~的~~； （三）有赌博、吸毒等恶习屡教不改~~的~~； （四）因感情不和分居满二年~~的~~； （五）其他导致夫妻感情破裂的情形。 一方被宣告失踪，另一方提出离婚诉讼的，应准予离婚。	有下列情形之一，调解无效的，应当准予离婚： （一）重婚或者与他人同居； （二）实施家庭暴力或者虐待、遗弃家庭成员； （三）有赌博、吸毒等恶习屡教不改； （四）因感情不和分居满二年； （五）其他导致夫妻感情破裂的情形。 一方被宣告失踪，另一方提起离婚诉讼的，应当准予离婚。 **经人民法院判决不准离婚后，双方又分居满一年，一方再次提起离婚诉讼的，应当准予离婚。**
	第一千零八十条　完成离婚登记，或者离婚判决书、调解书生效，即解除婚姻关系。

相关法律规定	民法典
第三十三条 现役军人的配偶要求离婚，须得军人同意，但军人一方有重大过错的除外。	**第一千零八十一条** 现役军人的配偶要求离婚，应当征得军人同意，但是军人一方有重大过错的除外。
第三十四条 女方在怀孕期间、分娩后一年内或中止妊娠后六个月内，男方不得提出离婚。女方提出离婚的，或人民法院认为确有必要受理男方离婚请求的，不在此限。	**第一千零八十二条** 女方在怀孕期间、分娩后一年内或者终止妊娠后六个月内，男方不得提出离婚；**但是**，女方提出离婚或者人民法院认为确有必要受理男方离婚请求的除外。
第三十五条 离婚后，男女双方自愿恢复夫妻关系的，必须到婚姻登记机关进行复婚登记。	**第一千零八十三条** 离婚后，男女双方自愿恢复婚姻关系的，应当到婚姻登记机关**重新**进行**结婚**登记。
第三十六条 父母与子女间的关系，不因父母离婚而消除。离婚后，子女无论由父或母直接抚养，仍是父母双方的子女。 离婚后，父母对于子女仍有抚养和教育的权利和义务。	**第一千零八十四条** 父母与子女间的关系，不因父母离婚而消除。离婚后，子女无论由父或者母直接抚养，仍是父母双方的子女。 离婚后，父母对于子女仍有抚养、教育、**保护**的权利和义务。

相关法律规定	民法典
离婚后，~~哺乳期内的子女，以随哺乳的母亲抚养为原则。哺乳期后的子女，如双方因抚养问题发生争执不能达成协议时，由人民法院根据子女的权益和双方的具体情况~~判决。	离婚后，**不满两周岁的子女，以由母亲直接抚养为原则。已满两周岁的子女，父母双方对抚养问题协议不成的，由人民法院根据双方的具体情况，按照最有利于未成年子女的原则**判决。**子女已满八周岁的，应当尊重其真实意愿。**
第三十七条　离婚后，一方抚养的子女，另一方应负担~~必要的生活费和教育费的一部或~~全部，负担费用的多少和期限的长短，由双方协议；协议不成时，由人民法院判决。 关于子女生活费和教育费的协议或判决，不妨碍子女在必要时向父母任何一方提出超过协议或判决原定数额的合理要求。	**第一千零八十五条**　离婚后，子女由一方直接抚养的，另一方应当负担**部分或者**全部**抚养费**。负担费用的多少和期限的长短，由双方协议；协议不成的，由人民法院判决。 前款规定的协议或者判决，不妨碍子女在必要时向父母任何一方提出超过协议或者判决原定数额的合理要求。

相关法律规定	民法典
第三十八条　离婚后，不直接抚养子女的父或母，有探望子女的权利，另一方有协助的义务。 行使探望权利的方式、时间由当事人协议；协议不成时，由人民法院判决。 父或母探望子女，不利于子女身心健康的，由人民法院依法中止探望~~的权利~~；中止的事由消失后，应当恢复探望~~的权利~~。	**第一千零八十六条**　离婚后，不直接抚养子女的父或者母，有探望子女的权利，另一方有协助的义务。 行使探望权利的方式、时间由当事人协议；协议不成的，由人民法院判决。 父或者母探望子女，不利于子女身心健康的，由人民法院依法中止探望；中止的事由消失后，应当恢复探望。
第三十九条　离婚时，夫妻的共同财产由双方协议处理；协议不成时，由人民法院根据财产的具体情况，照顾子女和女方权益的原则判决。 夫或妻在家庭土地承包经营中享有的权益等，应当依法予以保护。	**第一千零八十七条**　离婚时，夫妻的共同财产由双方协议处理；协议不成的，由人民法院根据财产的具体情况，**按照**照顾子女、女方**和无过错方**权益的原则判决。 **对**夫或者妻在家庭土地承包经营中享有的权益等，应当依法予以保护。

相关法律规定	民法典
第四十条 ~~夫妻书面约定婚姻关系存续期间所得的财产归各自所有，~~一方因抚育子女、照料老人、协助另一方工作等付出较多义务的，离婚时有权向另一方请求补偿，另一方应当予以补偿。	**第一千零八十八条　夫妻**一方因抚育子女、照料老年人、协助另一方工作等负担较多义务的，离婚时有权向另一方请求补偿，另一方应当给予补偿。**具体办法由双方协议；协议不成的，由人民法院判决。**
第四十一条　离婚时，~~原为夫妻共同生活所负的债务，~~应当共同偿还。共同财产不足清偿~~的~~，或财产归各自所有的，由双方协议清偿；协议不成时，由人民法院判决。	**第一千零八十九条**　离婚时，**夫妻共同债务**应当共同偿还。共同财产不足清偿或者财产归各自所有的，由双方协议清偿；协议不成的，由人民法院判决。
第四十二条　离婚时，如一方生活困难，另一方应~~从其住房等个人财产中~~给予适当帮助。具体办法由双方协议；协议不成时，由人民法院判决。	**第一千零九十条**　离婚时，如果一方生活困难，**有负担能力的**另一方应当给予适当帮助。具体办法由双方协议；协议不成的，由人民法院判决。
第四十六条　有下列情形之一，导致离婚的，无过错方有权请求损害赔偿：	**第一千零九十一条**　有下列情形之一，导致离婚的，无过错方有权请求损害赔偿：

相关法律规定	民法典
（一）重婚的； （二）有配偶者与他人同居的； （三）实施家庭暴力的； （四）虐待、遗弃家庭成员的。	（一）重婚； （二）与他人同居； （三）实施家庭暴力； （四）虐待、遗弃家庭成员； （五）有其他重大过错。
第四十七条 离婚时，一方隐藏、转移、变卖、毁损夫妻共同财产，或伪造债务企图侵占另一方财产的，分割夫妻共同财产时，对隐藏、转移、变卖、毁损夫妻共同财产或伪造债务的一方，可以少分或不分。离婚后，另一方发现有上述行为的，可以向人民法院提起诉讼，请求再次分割夫妻共同财产。 人民法院对前款规定的妨害民事诉讼的行为，依照民事诉讼法的规定予以制裁。	**第一千零九十二条** **夫妻**一方隐藏、转移、变卖、毁损、**挥霍**夫妻共同财产，或者伪造**夫妻共同**债务企图侵占另一方财产的，**在离婚**分割夫妻共同财产时，对该方可以少分或者不分。离婚后，另一方发现有上述行为的，可以向人民法院提起诉讼，请求再次分割夫妻共同财产。
	第五章 收养
	第一节 收养关系的成立

相关法律规定	民法典
《收养法》 **第四条** 下列不满十四周岁的未成年人可以被收养： （一）丧失父母的孤儿； （二）查找不到生父母的弃婴和儿童； （三）生父母有特殊困难无力抚养的子女。	**第一千零九十三条** 下列未成年人，可以被收养： （一）丧失父母的孤儿； （二）查找不到生父母的未成年人； （三）生父母有特殊困难无力抚养的子女。
《收养法》 **第五条** 下列公民、组织可以作送养人： （一）孤儿的监护人； （二）社会福利机构； （三）有特殊困难无力抚养子女的生父母。	**第一千零九十四条** 下列个人、组织可以作送养人： （一）孤儿的监护人； （二）儿童福利机构； （三）有特殊困难无力抚养子女的生父母。
《收养法》 **第十二条** 未成年人的父母均不具备完全民事行为能力的，该未成年人的监护人不得将其送养，但父母对该未成年人有严重危害可能的除外。	**第一千零九十五条** 未成年人的父母均不具备完全民事行为能力**且可能严重危害该未成年人**的，该未成年人的监护人**可以将其送养**。

相关法律规定	民法典
《收养法》 **第十三条** 监护人送养~~未成年~~孤儿的，须征得有抚养义务的人同意。有抚养义务的人不同意送养、监护人不愿意继续履行监护职责的，应当依照《中华人民共和国民法通则》的规定变更监护人。	**第一千零九十六条** 监护人送养孤儿的，应当征得有抚养义务的人同意。有抚养义务的人不同意送养、监护人不愿意继续履行监护职责的，应当依照本法第一编的规定另行确定监护人。
《收养法》 **第十条第一款** 生父母送养子女，须双方共同送养。生父母一方不明或者查找不到的可以单方送养。	**第一千零九十七条** 生父母送养子女，应当双方共同送养。生父母一方不明或者查找不到的，可以单方送养。
《收养法》 **第六条** 收养人应当同时具备下列条件： （一）无子女； （二）有抚养教育被收养人的能力； （三）未患有在医学上认为不应当收养子女的疾病；	**第一千零九十八条** 收养人应当同时具备下列条件： （一）无子女**或者只有一名子女**； （二）有抚养、教育**和保护**被收养人的能力； （三）未患有在医学上认为不应当收养子女的疾病；

相关法律规定	民法典
（四）年满三十周岁。	**（四）无不利于被收养人健康成长的违法犯罪记录；** （五）年满三十周岁。
《收养法》 **第七条** 收养三代以内同辈旁系血亲的子女，可以不受本法第四条第三项、第五条第三项、第九条和被收养人不满十四周岁的限制。 华侨收养三代以内同辈旁系血亲的子女，还可以不受~~收养人无子女~~的限制。	**第一千零九十九条** 收养三代以内旁系同辈血亲的子女，可以不受本法第一千零九十三条第三项、第一千零九十四条第三项和第一千一百零二条**规定**的限制。 华侨收养三代以内旁系同辈血亲的子女，还可以不受**本法第一千零九十八条第一项规定**的限制。
《收养法》 **第八条** ~~收养人只能收养一名子女。~~ 收养孤儿、残疾~~儿童~~或者社会福利机构抚养的查找不到生父母的~~弃婴和儿童~~，可以不受~~收养人无子女和收养一名~~的限制。	**第一千一百条** **无子女的收养人可以收养两名子女；有子女的收养人只能收养一名子女。** 收养孤儿、残疾**未成年人**或者儿童福利机构抚养的查找不到生父母的**未成年人**，可以不受**前款和本法第一千零九十八条第一项规定**的限制。

相关法律规定	民法典
《收养法》 **第十条第二款** 有配偶者收养子女，须夫妻共同收养。	**第一千一百零一条** 有配偶者收养子女，应当夫妻共同收养。
《收养法》 **第九条** ~~无配偶的男性收养女性的~~，收养人与被收养人的年龄应当相差四十周岁以上。	**第一千一百零二条 无配偶者收养异性子女的**，收养人与被收养人的年龄应当相差四十周岁以上。
《收养法》 **第十四条** 继父或者继母经继子女的生父母同意，可以收养继子女，并可以不受本法第四条第三项、第五条第三项、第六条和被收养人不满十四周岁以及收养一名的限制。	**第一千一百零三条** 继父或者继母经继子女的生父母同意，可以收养继子女，并可以不受本法第一千零九十三条第三项、第一千零九十四条第三项、第一千零九十八条和第一千一百条第一款**规定**的限制。
《收养法》 **第十一条** 收养人收养与送养人送养，须双方自愿。收养~~年满~~十周岁以上未成年人的，应当征得被收养人的同意。	**第一千一百零四条** 收养人收养与送养人送养，应当双方自愿。收养八周岁以上未成年人的，应当征得被收养人的同意。

相关法律规定	民法典
《收养法》 **第十五条** 收养应当向县级以上人民政府民政部门登记。收养关系自登记之日起成立。 收养查找不到生父母的~~弃婴和儿童~~的，办理登记的民政部门应当在登记前予以公告。 收养关系当事人愿意订立收养协议的，可以订立收养协议。 收养关系当事人各方或者一方要求办理收养公证的，应当办理收养公证。	**第一千一百零五条** 收养应当向县级以上人民政府民政部门登记。收养关系自登记之日起成立。 收养查找不到生父母的**未成年人**的，办理登记的民政部门应当在登记前予以公告。 收养关系当事人愿意签订收养协议的，可以签订收养协议。 收养关系当事人各方或者一方要求办理收养公证的，应当办理收养公证。 **县级以上人民政府民政部门应当依法进行收养评估。**
《收养法》 **第十六条** 收养关系成立后，公安部门应当依照国家有关规定为被收养人办理户口登记。	**第一千一百零六条** 收养关系成立后，公安机关应当按照国家有关规定为被收养人办理户口登记。
《收养法》 **第十七条** 孤儿或者生父	**第一千一百零七条** 孤儿或者生父母无力抚养的子女，

相关法律规定	民法典
母无力抚养的子女，可以由生父母的亲属、朋友抚养。 抚养人与被抚养人的关系不适用收养关系。	可以由生父母的亲属、朋友抚养；抚养人与被抚养人的关系不适用本章规定。
《收养法》 **第十八条** 配偶一方死亡，另一方送养未成年子女的，死亡一方的父母有优先抚养的权利。	**第一千一百零八条** 配偶一方死亡，另一方送养未成年子女的，死亡一方的父母有优先抚养的权利。
《收养法》 **第二十一条** 外国人依照本法可以在中华人民共和国收养子女。 外国人在中华人民共和国收养子女，应当经其所在国主管机关依照该国法律审查同意。收养人应当提供由其所在国有权机构出具的有关收养人的年龄、婚姻、职业、财产、健康、有无受过刑事处罚等状况的证明材料，该证明材料应当经其所在国外交机关或者外交机关	**第一千一百零九条** 外国人依法可以在中华人民共和国收养子女。 外国人在中华人民共和国收养子女，应当经其所在国主管机关依照该国法律审查同意。收养人应当提供由其所在国有权机构出具的有关其年龄、婚姻、职业、财产、健康、有无受过刑事处罚等状况的证明材料，并与送养人签订书面协议，亲自向省、自治区、直辖市人民政府民政部门登记。

相关法律规定	民法典
授权的机构认证，并经中华人民共和国驻该国使领馆认证。该收养人应当与送养人订立书面协议，亲自向省级人民政府民政部门登记。	**前款规定的**证明材料应当经收养人所在国外交机关或者外交机关授权的机构认证，并经中华人民共和国驻该国使领馆认证，**但是国家另有规定的除外**。
收养关系当事人各方或者一方要求办理收养公证的，应当到国务院司法行政部门认定的具有办理涉外公证资格的公证机构办理收养公证。	
《收养法》 **第二十二条**　收养人、送养人要求保守收养秘密的，其他人应当尊重其意愿，不得泄露。	**第一千一百一十条**　收养人、送养人要求保守收养秘密的，其他人应当尊重其意愿，不得泄露。
	第二节　收养的效力
《婚姻法》 **第二十六条**　国家保护合法的收养关系。养父母和养子女间的权利和义务，适用	**第一千一百一十一条**　自收养关系成立之日起，养父母与养子女间的权利义务关系，适用**本法**关于父母子女关系的

相关法律规定	民法典
本法对父母子女关系的有关规定。 养子女和生父母间的权利和义务，因收养关系的成立而消除。 **《收养法》** **第二十三条** 自收养关系成立之日起，养父母与养子女间的权利义务关系，适用~~法律~~关于父母子女关系的规定；养子女与养父母的近亲属间的权利义务关系，适用~~法律~~关于子女与父母的近亲属关系的规定。 养子女与生父母及其他近亲属间的权利义务关系，因收养关系的成立而消除。	规定；养子女与养父母的近亲属间的权利义务关系，适用**本法**关于子女与父母的近亲属关系的规定。 养子女与生父母以及其他近亲属间的权利义务关系，因收养关系的成立而消除。
《收养法》 **第二十四条** 养子女可以随养父或者养母的姓，经当事人协商一致，也可以保留原姓。	**第一千一百一十二条** 养子女可以随养父或者养母的姓氏，经当事人协商一致，也可以保留原姓氏。

相关法律规定	民法典
《收养法》 **第二十五条** ~~违反《中华人民共和国民法通则》第五十五条和本法~~规定的收养行为<u>无法律效力</u>。 <u>收养行为被人民法院确认无效的，从行为开始时起就没有法律效力</u>。	**第一千一百一十三条　有本法第一编关于民事法律行为无效规定情形或者违反本编**规定的收养行为<u>无效</u>。 <u>无效的收养行为自始没有法律约束力</u>。
	第三节　收养关系的解除
《收养法》 **第二十六条** 收养人在被收养人成年以前，不得解除收养关系，<u>但</u>收养人、送养人双方协议解除的除外<u>，</u>养子女~~年满~~<u>十周岁</u>以上的，应当征得本人同意。 收养人不履行抚养义务，有虐待、遗弃等侵害未成年养子女合法权益行为的，送养人有权要求解除养父母与养子女间的收养关系。送养人、收养人不能达成解除收养关系协议的，可以向人民法院<u>起诉</u>。	**第一千一百一十四条** 收养人在被收养人成年以前，不得解除收养关系，<u>但是</u>收养人、送养人双方协议解除的除外<u>。</u>养子女<u>八周岁</u>以上的，应当征得本人同意。 收养人不履行抚养义务，有虐待、遗弃等侵害未成年养子女合法权益行为的，送养人有权要求解除养父母与养子女间的收养关系。送养人、收养人不能达成解除收养关系协议的，可以向人民法院<u>提起诉讼</u>。

相关法律规定	民法典
《收养法》 **第二十七条** 养父母与成年养子女关系恶化、无法共同生活的，可以协议解除收养关系。不能达成协议的，可以向人民法院起诉。	**第一千一百一十五条** 养父母与成年养子女关系恶化、无法共同生活的，可以协议解除收养关系。不能达成协议的，可以向人民法院提起诉讼。
《收养法》 **第二十八条** 当事人协议解除收养关系的，应当到民政部门办理解除收养关系的登记。	**第一千一百一十六条** 当事人协议解除收养关系的，应当到民政部门办理解除收养关系登记。
《收养法》 **第二十九条** 收养关系解除后，养子女与养父母及其他近亲属间的权利义务关系即行消除，与生父母及其他近亲属间的权利义务关系自行恢复，但成年养子女与生父母及其他近亲属间的权利义务关系是否恢复，可以协商确定。	**第一千一百一十七条** 收养关系解除后，养子女与养父母以及其他近亲属间的权利义务关系即行消除，与生父母以及其他近亲属间的权利义务关系自行恢复。但是，成年养子女与生父母以及其他近亲属间的权利义务关系是否恢复，可以协商确定。
《收养法》 **第三十条** 收养关系解除后，经养父母抚养的成年养子	**第一千一百一十八条** 收养关系解除后，经养父母抚养的成年养子女，对缺乏劳动能

相关法律规定	民法典
女，对缺乏劳动能力又缺乏生活来源的养父母，应当给付生活费。因养子女成年后虐待、遗弃养父母而解除收养关系的，养父母可以要求养子女补偿收养期间支出的~~生活费和教育费~~。 生父母要求解除收养关系的，养父母可以要求生父母适当补偿收养期间支出的~~生活费和教育费~~，但因养父母虐待、遗弃养子女而解除收养关系的除外。	力又缺乏生活来源的养父母，应当给付生活费。因养子女成年后虐待、遗弃养父母而解除收养关系的，养父母可以要求养子女补偿收养期间支出的**抚养费**。 生父母要求解除收养关系的，养父母可以要求生父母适当补偿收养期间支出的**抚养费**；但是，因养父母虐待、遗弃养子女而解除收养关系的除外。
	第六编　继承
	第一章　一般规定
《继承法》① **第一条**　根据《中华人民共和国宪法》规定，为保护公民的私有财产的继承权，制定本法。	**第一千一百一十九条　本编调整因继承产生的民事关系。**
第一条　~~根据《中华人民共和国宪法》规定，为~~保护公民的~~私有财产~~的继承权，~~制定本法~~。	**第一千一百二十条**　国家保护自然人的继承权。

① “第六编　继承”对照表左侧列中，没有特别标注法名的，内容为《中华人民共和国继承法》条文。

相关法律规定	民法典
《继承法》 **第二条** 继承从被继承人死亡时开始。 《继承法解释》[①] 2. 相互有继承关系的几个人在同一事件中死亡，如不能确定死亡先后时间的，推定没有继承人的人先死亡。~~死亡人各自~~都有继承人~~的~~，~~如几个死亡人~~辈分不同，推定长辈先死亡；~~几个死亡人~~辈分相同，推定同时死亡，彼此不发生继承~~，由他们各自的继承人分别继承~~。	**第一千一百二十一条** 继承从被继承人死亡时开始。 相互有继承关系的数人在同一事件中死亡，难以确定死亡时间的，推定没有**其他**继承人的人先死亡。都有**其他**继承人，辈份不同**的**，推定长辈先死亡；辈份相同**的**，推定同时死亡，相互不发生继承。
第三条 遗产是公民死亡时遗留的个人合法财产~~，包括：~~ ~~（一）公民的收入；~~ ~~（二）公民的房屋、储蓄和生活用品；~~ ~~（三）公民的林木、牲畜和家禽；~~	**第一千一百二十二条** 遗产是自然人死亡时遗留的个人合法财产。 **依照法律规定或者根据其性质不得继承的遗产，不得继承。**

①《最高人民法院关于贯彻执行〈中华人民共和国继承法〉若干问题的意见》简称《继承法解释》。

相关法律规定	民法典
~~（四）公民的文物、图书资料；~~ ~~（五）法律允许公民所有的生产资料；~~ ~~（六）公民的著作权、专利权中的财产权利；~~ ~~（七）公民的其他合法财产。~~	
第五条 继承开始后，按照法定继承办理；有遗嘱的，按照遗嘱继承或者遗赠办理；有遗赠扶养协议的，按照协议办理。	**第一千一百二十三条** 继承开始后，按照法定继承办理；有遗嘱的，按照遗嘱继承或者遗赠办理；有遗赠扶养协议的，按照协议办理。
第二十五条 继承开始后，继承人放弃继承的，应当在遗产处理前，作出放弃继承的表示。没有表示的，视为接受继承。 受遗赠人应当在知道受遗赠后两个月内，作出接受或者放弃受遗赠的表示。到期没有表示的，视为放弃受遗赠。	**第一千一百二十四条** 继承开始后，继承人放弃继承的，应当在遗产处理前，**以书面形式**作出放弃继承的表示；没有表示的，视为接受继承。 受遗赠人应当在知道受遗赠后六十日内，作出接受或者放弃受遗赠的表示；到期没有表示的，视为放弃受遗赠。

相关法律规定	民法典
第七条 继承人有下列行为之一的，丧失继承权： （一）故意杀害被继承人~~的~~； （二）为争夺遗产而杀害其他继承人~~的~~； （三）遗弃被继承人~~的~~，或者虐待被继承人情节严重~~的~~； （四）伪造、篡改或者销毁遗嘱，情节严重~~的。~~	**第一千一百二十五条** 继承人有下列行为之一的，丧失继承权： （一）故意杀害被继承人； （二）为争夺遗产而杀害其他继承人； （三）遗弃被继承人，或者虐待被继承人情节严重； （四）伪造、篡改、**隐匿**或者销毁遗嘱，情节严重； **（五）以欺诈、胁迫手段迫使或者妨碍被继承人设立、变更或者撤回遗嘱，情节严重。** **继承人有前款第三项至第五项行为，确有悔改表现，被继承人表示宽恕或者事后在遗嘱中将其列为继承人的，该继承人不丧失继承权。** **受遗赠人有本条第一款规定行为的，丧失受遗赠权。**
	第二章　法定继承
第九条 继承权男女平等。	**第一千一百二十六条** 继承权男女平等。

相关法律规定	民法典
第十条 遗产按照下列顺序继承： 第一顺序：配偶、子女、父母。 第二顺序：兄弟姐妹、祖父母、外祖父母。 继承开始后，由第一顺序继承人继承，第二顺序继承人不继承。没有第一顺序继承人继承的，由第二顺序继承人继承。 本法所说的子女，包括婚生子女、非婚生子女、养子女和有扶养关系的继子女。 本法所说的父母，包括生父母、养父母和有扶养关系的继父母。 本法所说的兄弟姐妹，包括同父母的兄弟姐妹、同父异母或者同母异父的兄弟姐妹、养兄弟姐妹、有扶养关系的继兄弟姐妹。	**第一千一百二十七条** 遗产按照下列顺序继承： （一）第一顺序：配偶、子女、父母； （二）第二顺序：兄弟姐妹、祖父母、外祖父母。 继承开始后，由第一顺序继承人继承，第二顺序继承人不继承；没有第一顺序继承人继承的，由第二顺序继承人继承。 本编所称子女，包括婚生子女、非婚生子女、养子女和有扶养关系的继子女。 本编所称父母，包括生父母、养父母和有扶养关系的继父母。 本编所称兄弟姐妹，包括同父母的兄弟姐妹、同父异母或者同母异父的兄弟姐妹、养兄弟姐妹、有扶养关系的继兄弟姐妹。

相关法律规定	民法典
第十一条 被继承人的子女先于被继承人死亡的，由被继承人的子女的晚辈直系血亲代位继承。代位继承人一般只能继承~~他的父亲或者母亲~~有权继承的遗产份额。	**第一千一百二十八条** 被继承人的子女先于被继承人死亡的，由被继承人的子女的直系晚辈血亲代位继承。 **被继承人的兄弟姐妹先于被继承人死亡的，由被继承人的兄弟姐妹的子女代位继承。** 代位继承人一般只能继承**被代位继承人**有权继承的遗产份额。
第十二条 丧偶儿媳对公、婆，丧偶女婿对岳父、岳母，尽了主要赡养义务的，作为第一顺序继承人。	**第一千一百二十九条** 丧偶儿媳对公婆，丧偶女婿对岳父母，尽了主要赡养义务的，作为第一顺序继承人。
第十三条 同一顺序继承人继承遗产的份额，一般应当均等。 对生活有特殊困难的缺乏劳动能力的继承人，分配遗产时，应当予以照顾。	**第一千一百三十条** 同一顺序继承人继承遗产的份额，一般应当均等。 对生活有特殊困难又缺乏劳动能力的继承人，分配遗产时，应当予以照顾。

相关法律规定	民法典
对被继承人尽了主要扶养义务或者与被继承人共同生活的继承人，分配遗产时，可以多分。 有扶养能力和有扶养条件的继承人，不尽扶养义务的，分配遗产时，应当不分或者少分。 继承人协商同意的，也可以不均等。	对被继承人尽了主要扶养义务或者与被继承人共同生活的继承人，分配遗产时，可以多分。 有扶养能力和有扶养条件的继承人，不尽扶养义务的，分配遗产时，应当不分或者少分。 继承人协商同意的，也可以不均等。
第十四条 对继承人以外的依靠被继承人扶养~~的缺乏劳动能力又没有生活来源~~的人，或者继承人以外的对被继承人扶养较多的人，可以分给~~他们~~适当的遗产。	**第一千一百三十一条** 对继承人以外的依靠被继承人扶养的人，或者继承人以外的对被继承人扶养较多的人，可以分给适当的遗产。
第十五条 继承人应当本着互谅互让、和睦团结的精神，协商处理继承问题。遗产分割的时间、办法和份额，由继承人协商确定。协商不成的，可以由人民调解委员会调解或者向人民法院提起诉讼。	**第一千一百三十二条** 继承人应当本着互谅互让、和睦团结的精神，协商处理继承问题。遗产分割的时间、办法和份额，由继承人协商确定；协商不成的，可以由人民调解委员会调解或者向人民法院提起诉讼。

相关法律规定	民法典
	第三章　遗嘱继承和遗赠
第十六条　公民可以依照本法规定立遗嘱处分个人财产，并可以指定遗嘱执行人。 公民可以立遗嘱将个人财产指定由法定继承人的一人或者数人继承。 公民可以立遗嘱将个人财产赠给国家、集体或者法定继承人以外的人。	**第一千一百三十三条**　自然人可以依照本法规定立遗嘱处分个人财产，并可以指定遗嘱执行人。 自然人可以立遗嘱将个人财产指定由法定继承人**中**的一人或者数人继承。 自然人可以立遗嘱将个人财产赠与国家、集体或者法定继承人以外的**组织、**个人。 **自然人可以依法设立遗嘱信托。**
第十七条第二款　自书遗嘱由遗嘱人亲笔书写，签名，注明年、月、日。	**第一千一百三十四条**　自书遗嘱由遗嘱人亲笔书写，签名，注明年、月、日。
第十七条第三款　代书遗嘱应当有两个以上见证人在场见证，由其中一人代书，注明年、月、日，并由代书人、其他见证人和遗嘱人签名。	**第一千一百三十五条**　代书遗嘱应当有两个以上见证人在场见证，由其中一人代书，并由遗嘱人、代书人和其他见证人签名，注明年、月、日。

相关法律规定	民法典
	第一千一百三十六条　打印遗嘱应当有两个以上见证人在场见证。遗嘱人和见证人应当在遗嘱每一页签名，注明年、月、日。
第十七条第四款　以录音形式立的遗嘱，应当有两个以上见证人在场见证。	**第一千一百三十七条**　以录音**录像**形式立的遗嘱，应当有两个以上见证人在场见证。**遗嘱人和见证人应当在录音录像中记录其姓名或者肖像，以及年、月、日。**
第十七条第五款　遗嘱人在危急情况下，可以立口头遗嘱。口头遗嘱应当有两个以上见证人在场见证。危急情况解除后，遗嘱人能够用书面或者录音形式立遗嘱的，所立的口头遗嘱无效。	**第一千一百三十八条**　遗嘱人在危急情况下，可以立口头遗嘱。口头遗嘱应当有两个以上见证人在场见证。危急情况消除后，遗嘱人能够以书面或者录音**录像**形式立遗嘱的，所立的口头遗嘱无效。
第十七条第一款　公证遗嘱由遗嘱人经公证机关办理。	**第一千一百三十九条**　公证遗嘱由遗嘱人经公证机构办理。

相关法律规定	民法典
第十八条　下列人员不能作为遗嘱见证人： （一）无行为能力人、限制行为能力人； （二）继承人、受遗赠人； （三）与继承人、受遗赠人有利害关系的人。	**第一千一百四十条**　下列人员不能作为遗嘱见证人： （一）无**民事**行为能力人、限制**民事**行为能力人**以及其他不具有见证能力的人**； （二）继承人、受遗赠人； （三）与继承人、受遗赠人有利害关系的人。
第十九条　遗嘱应当对缺乏劳动能力又没有生活来源的继承人保留必要的遗产份额。	**第一千一百四十一条**　遗嘱应当为缺乏劳动能力又没有生活来源的继承人保留必要的遗产份额。
第二十条　遗嘱人可以撤销、变更自己所立的遗嘱。 立有数份遗嘱，内容相抵触的，以最后的遗嘱为准。 ~~自书、代书、录音、口头遗嘱，不得撤销、变更公证遗嘱。~~	**第一千一百四十二条**　遗嘱人可以撤回、变更自己所立的遗嘱。 **立遗嘱后，遗嘱人实施与遗嘱内容相反的民事法律行为的，视为对遗嘱相关内容的撤回。** 立有数份遗嘱，内容相抵触的，以最后的遗嘱为准。

相关法律规定	民法典
第二十二条 无行为能力人或者限制行为能力人所立的遗嘱无效。 遗嘱必须表示遗嘱人的真实意思，受胁迫、欺骗所立的遗嘱无效。 伪造的遗嘱无效。 遗嘱被篡改的，篡改的内容无效。	**第一千一百四十三条** 无**民事**行为能力人或者限制**民事**行为能力人所立的遗嘱无效。 遗嘱必须表示遗嘱人的真实意思，受欺诈、胁迫所立的遗嘱无效。 伪造的遗嘱无效。 遗嘱被篡改的，篡改的内容无效。
第二十一条 遗嘱继承或者遗赠附有义务的，继承人或者受遗赠人应当履行义务。没有正当理由不履行义务的，经有关单位或者个人请求，人民法院可以取消他接受遗产的权利。	**第一千一百四十四条** 遗嘱继承或者遗赠附有义务的，继承人或者受遗赠人应当履行义务。没有正当理由不履行义务的，经利害关系人或者有关组织请求，人民法院可以取消其接受附义务部分遗产的权利。
	第四章 遗产的处理
	第一千一百四十五条 继承开始后，遗嘱执行人为遗产管理人；没有遗嘱执行人的，继承人应当及时推选遗产管理

相关法律规定	民法典
	人；继承人未推选的，由继承人共同担任遗产管理人；没有继承人或者继承人均放弃继承的，由被继承人生前住所地的民政部门或者村民委员会担任遗产管理人。
	第一千一百四十六条　对遗产管理人的确定有争议的，利害关系人可以向人民法院申请指定遗产管理人。
	第一千一百四十七条　遗产管理人应当履行下列职责： （一）清理遗产并制作遗产清单； （二）向继承人报告遗产情况； （三）采取必要措施防止遗产毁损、灭失； （四）处理被继承人的债权债务； （五）按照遗嘱或者依照法律规定分割遗产；

相关法律规定	民法典
	（六）实施与管理遗产有关的其他必要行为。
	第一千一百四十八条 遗产管理人应当依法履行职责，因故意或者重大过失造成继承人、受遗赠人、债权人损害的，应当承担民事责任。
	第一千一百四十九条 遗产管理人可以依照法律规定或者按照约定获得报酬。
第二十三条 继承开始后，知道被继承人死亡的继承人应当及时通知其他继承人和遗嘱执行人。继承人中无人知道被继承人死亡或者知道被继承人死亡而不能通知的，由被继承人生前所在单位或者住所地的居民委员会、村民委员会负责通知。	**第一千一百五十条** 继承开始后，知道被继承人死亡的继承人应当及时通知其他继承人和遗嘱执行人。继承人中无人知道被继承人死亡或者知道被继承人死亡而不能通知的，由被继承人生前所在单位或者住所地的居民委员会、村民委员会负责通知。
第二十四条 存有遗产的人，应当妥善保管遗产，任何人不得侵吞或者争抢。	**第一千一百五十一条** 存有遗产的人，应当妥善保管遗产，任何**组织或者**个人不得侵吞或者争抢。

相关法律规定	民法典
《继承法解释》 52. 继承开始后，继承人没有表示放弃继承，并于遗产分割前死亡的，其继承遗产的权利转移给他的合法继承人。	**第一千一百五十二条** 继承开始后，继承人于遗产分割前死亡，并没有放弃继承的，该继承人应当继承的遗产转给其继承人，**但是遗嘱另有安排的除外**。
第二十六条 夫妻在婚姻关系存续期间所得的共同所有的财产，除有约定的以外，如果分割遗产，应当先将共同所有的财产的一半分出为配偶所有，其余的为被继承人的遗产。 遗产在家庭共有财产之中的，遗产分割时，应当先分出他人的财产。	**第一千一百五十三条** 夫妻共同所有的财产，除有约定的外，遗产分割时，应当先将共同所有的财产的一半分出为配偶所有，其余的为被继承人的遗产。 遗产在家庭共有财产之中的，遗产分割时，应当先分出他人的财产。
第二十七条 有下列情形之一的，遗产中的有关部分按照法定继承办理： （一）遗嘱继承人放弃继承或者受遗赠人放弃受遗赠的；	**第一千一百五十四条** 有下列情形之一的，遗产中的有关部分按照法定继承办理： （一）遗嘱继承人放弃继承或者受遗赠人放弃受遗赠；

相关法律规定	民法典
（二）遗嘱继承人丧失继承权的； （三）遗嘱继承人、受遗赠人先于遗嘱人死亡的； （四）遗嘱无效部分所涉及的遗产； （五）遗嘱未处分的遗产。	（二）遗嘱继承人丧失继承权**或者受遗赠人丧失受遗赠权**； （三）遗嘱继承人、受遗赠人先于遗嘱人死亡**或者终止**； （四）遗嘱无效部分所涉及的遗产； （五）遗嘱未处分的遗产。
第二十八条 遗产分割时，应当保留胎儿的继承份额。胎儿<u>出生</u>时是死体的，保留的份额按照法定继承办理。	**第一千一百五十五条** 遗产分割时，应当保留胎儿的继承份额。胎儿<u>娩出</u>时是死体的，保留的份额按照法定继承办理。
第二十九条 遗产分割应当有利于生产和生活需要，不损害遗产的效用。 不宜分割的遗产，可以采取折价、适当补偿或者共有等方法处理。	**第一千一百五十六条** 遗产分割应当有利于生产和生活需要，不损害遗产的效用。 不宜分割的遗产，可以采取折价、适当补偿或者共有等方法处理。
第三十条 夫妻一方死亡后另一方再婚的，有权处分所继承的财产，任何人不得干涉。	**第一千一百五十七条** 夫妻一方死亡后另一方再婚的，有权处分所继承的财产，任何**组织或者个**人不得干涉。

相关法律规定	民法典
第三十一条 公民可以与扶养人签订遗赠扶养协议。按照协议，扶养人承担该公民生养死葬的义务，享有受遗赠的权利。 ~~公民可以与集体所有制组织签订遗赠扶养协议。按照协议，集体所有制组织承担该公民生养死葬的义务，享有受遗赠的权利。~~	**第一千一百五十八条** 自然人可以与继承人以外的组织或者个人签订遗赠扶养协议。按照协议，该组织或者个人承担该自然人生养死葬的义务，享有受遗赠的权利。
《继承法解释》 61.~~继承人中有~~缺乏劳动能力又没有生活来源的~~人，即使遗产不足清偿债务，也应为其~~保留适当遗产~~，然后再按继承法第三十三条和民事诉讼法第一百八十条的规定清偿债务~~。	**第一千一百五十九条 分割遗产，应当清偿被继承人依法应当缴纳的税款和债务；但是，应当为**缺乏劳动能力又没有生活来源的**继承人**保留必要的遗产。
第三十二条 无人继承又无人受遗赠的遗产，归国家所有；死者生前是集体所有制组织成员的，归所在集体所有制组织所有。	**第一千一百六十条** 无人继承又无人受遗赠的遗产，归国家所有，**用于公益事业**；死者生前是集体所有制组织成员的，归所在集体所有制组织所有。

相关法律规定	民法典
第三十三条 继承遗产应当清偿被继承人依法应当缴纳的税款和债务，缴纳税款和清偿债务以他的遗产实际价值为限。超过遗产实际价值部分，继承人自愿偿还的不在此限。 继承人放弃继承的，对被继承人依法应当缴纳的税款和债务可以不负偿还责任。	**第一千一百六十一条** **继承人以所得遗产实际价值为限**清偿被继承人依法应当缴纳的税款和债务。超过遗产实际价值部分，继承人自愿偿还的不在此限。 继承人放弃继承的，对被继承人依法应当缴纳的税款和债务可以不负清偿责任。
第三十四条 执行遗赠不得妨碍清偿遗赠人依法应当缴纳的税款和债务。	**第一千一百六十二条** 执行遗赠不得妨碍清偿遗赠人依法应当缴纳的税款和债务。
《继承法解释》 62.遗产已被分割而未清偿债务时，如有法定继承又有遗嘱继承和遗赠的，首先由法定继承人用其所得遗产清偿债务；不足清偿时，剩余的债务由遗嘱继承人和受遗赠人按比例用所得遗产偿还；如果只有遗嘱继承和遗赠的，由遗嘱继承人和受遗赠人按比例用所得遗产偿还。	**第一千一百六十三条** 既有法定继承又有遗嘱继承、遗赠的，由法定继承人清偿**被继承人依法应当缴纳的税款和**债务；超过法定继承遗产实际价值部分，由遗嘱继承人和受遗赠人按比例以所得遗产清偿。

图书在版编目（CIP）数据

民法典继承编热点问题100问／中国法制出版社编．—北京：中国法制出版社，2020.7

（公民新法早知道系列）

ISBN 978-7-5216-1097-0

Ⅰ.①民… Ⅱ.①中… Ⅲ.①继承法-中国-问题解答 Ⅳ.①D923.55

中国版本图书馆CIP数据核字（2020）第080231号

策划编辑：戴蕊（dora6322@sina.com）
责任编辑：戴蕊 熊林林　　封面设计：周黎明

民法典继承编热点问题100问

MINFADIAN JICHENGBIAN REDIAN WENTI 100 WEN

编者/中国法制出版社
经销/新华书店
印刷/煤炭工业出版社印刷厂
开本/880毫米×1230毫米 32开　　印张/6.25 字数/116千
版次/2020年7月第1版　　2020年7月第1次印刷

中国法制出版社出版
书号 ISBN 978-7-5216-1097-0　　定价：25.00元

北京西单横二条2号
邮政编码 100031　　传真：010-66031119
网址：http://www.zgfzs.com　　**编辑部电话：010-66066620**
市场营销部电话：010-66033393　　**邮购部电话：010-66033288**

（如有印装质量问题，请与本社印务部联系调换。电话：010-66032926）